APRENDA C SHARP

*Domine o Desenvolvimento Escalável
com Programação Moderna.
Dos Fundamentos às Aplicações Práticas.*

Diego Rodrigues

APRENDA C SHARP

Domine o Desenvolvimento Escalável com Programação Moderna. Dos Fundamentos às Aplicações Práticas.

Edição 2025

Autor: Diego Rodrigues

studiod21portoalegre@gmail.com

Publicado por StudioD21.

Nota Importante

Os códigos e scripts apresentados neste livro têm como principal objetivo ilustrar, de forma prática, os conceitos discutidos ao longo dos capítulos. Foram desenvolvidos para demonstrar aplicações didáticas em ambientes controlados, podendo, portanto, exigir adaptações para funcionar corretamente em contextos distintos. É responsabilidade do leitor validar as configurações específicas do seu ambiente de desenvolvimento antes da implementação prática.

Mais do que fornecer soluções prontas, este livro busca incentivar uma compreensão sólida dos fundamentos abordados, promovendo o pensamento crítico e a autonomia técnica. Os exemplos apresentados devem ser vistos como pontos de partida para que o leitor desenvolva suas próprias soluções, originais e adaptadas às demandas reais de sua carreira ou projetos. A verdadeira competência técnica surge da capacidade de internalizar os princípios essenciais e aplicá-los de forma criativa, estratégica e transformadora.

Estimulamos, portanto, que cada leitor vá além da simples reprodução dos exemplos, utilizando este conteúdo como base para construir códigos e scripts com identidade própria, capazes de gerar impacto significativo em sua trajetória profissional. Esse é o espírito do conhecimento aplicado: aprender profundamente para inovar com propósito.

Agradecemos pela confiança e desejamos uma jornada de estudo produtiva e inspiradora.

ÍNDICE

SAUDAÇÕES!

Olá, caro leitor!

É com imenso prazer que dou as boas-vindas a você, que decidiu embarcar nesta jornada fascinante pelo universo do C#, uma das linguagens de programação mais poderosas, versáteis e influentes no cenário tecnológico atual. Sua escolha de explorar este tema demonstra um compromisso admirável com o avanço de suas habilidades técnicas e o desejo de dominar ferramentas que transformam ideias em soluções práticas e inovadoras.

O C# é muito mais do que apenas uma linguagem de programação. Ele é a espinha dorsal de aplicações modernas que variam de sistemas corporativos robustos a jogos imersivos desenvolvidos com o Unity. Com o C#, você não apenas escreve código; você cria, inova e expande os limites do que é possível, seja no desenvolvimento de aplicações web, softwares empresariais ou dispositivos conectados à Internet das Coisas.

Neste livro, você encontrará um percurso claro e progressivo, que vai desde os fundamentos mais essenciais até as aplicações práticas e avançadas em projetos reais e desafiadores. Nossa abordagem combina teoria sólida e prática dinâmica, garantindo que você não apenas compreenda os conceitos fundamentais do C#, mas também adquira a confiança necessária para aplicá-los em situações do mundo real.

Não importa se você é um iniciante curioso, um programador em busca de expandir suas competências ou um profissional experiente querendo explorar novos horizontes com o C#. Este livro foi cuidadosamente projetado para atender a todos os níveis de experiência. Cada capítulo foi elaborado com atenção aos detalhes, proporcionando um aprendizado envolvente e impactante, enquanto você explora técnicas que realmente fazem a diferença no mercado competitivo.

Vivemos em uma era onde a tecnologia está no centro de tudo, e o domínio do C# é uma habilidade indispensável para qualquer profissional que deseja prosperar neste cenário. Seja no desenvolvimento de sistemas empresariais, aplicações web, jogos ou dispositivos inteligentes, o C# é uma linguagem que atravessa indústrias e conecta pessoas a soluções criativas e eficientes.

Este livro foi criado para ser mais do que um guia técnico; ele é um recurso essencial para preencher lacunas editoriais, fornecer conhecimento atualizado e fortalecer a base de profissionais em um mercado que não para de evoluir. A cada página, você encontrará desafios estimulantes, explicações claras e exemplos práticos que tornam o aprendizado acessível, inspirador e aplicável.

Prepare-se para mergulhar em uma experiência didática única, onde você aprenderá a projetar, desenvolver e otimizar aplicações com C# de forma precisa e criativa. Juntos, vamos explorar as infinitas possibilidades que o C# oferece e equipar você com as ferramentas necessárias para se destacar em sua carreira ou projetos pessoais.

Então, está pronto para transformar a maneira como cria soluções e dominar uma das linguagens de programação mais impactantes da atualidade? Vamos começar!

SOBRE O AUTOR

Diego Rodrigues

Autor Técnico e Pesquisador Independente

ORCID: https://orcid.org/0009-0006-2178-634X

StudioD21 Smart Tech Content & Intell Systems

E-mail: studiod21portoalegre@gmail.com

LinkedIn: linkedin.com/in/diegoexpertai

Autor técnico internacional (*tech writer*) com foco em produção estruturada de conhecimento aplicado. É fundador da StudioD21 Smart Tech Content & Intell Systems, onde lidera a criação de frameworks inteligentes e a publicação de livros técnicos didáticos e com suporte por inteligência artificial, como as séries Kali Linux Extreme, SMARTBOOKS D21, entre outras.

Detentor de 42 certificações internacionais emitidas por instituições como IBM, Google, Microsoft, AWS, Cisco, META, Ec-Council, Palo Alto e Universidade de Boston, atua nos campos de Inteligência Artificial, Machine Learning, Ciência de Dados, Big Data, Blockchain, Tecnologias de Conectividade, Ethical Hacking e Threat Intelligence.

Desde 2003, desenvolveu mais de 200 projetos técnicos para marcas no Brasil, EUA e México. Em 2024, consolidou-se como um dos maiores autores de livros técnicos da nova geração, com mais de 180 títulos publicados em seis idiomas. Seu trabalho tem como base o protocolo próprio de escrita técnica aplicada TECHWRITE 2.3, voltado à escalabilidade, precisão conceitual e aplicabilidade prática em ambientes profissionais.

APRESENTAÇÃO DO LIVRO

Seja bem-vindo ao *APRENDA C#: Dos Fundamentos às Aplicações Práticas*, um guia criado para transformar o modo como você entende, aplica e domina a linguagem de programação C#. Este livro é mais do que uma introdução à tecnologia — ele é uma jornada cuidadosamente planejada para guiá-lo do básico ao avançado, oferecendo uma compreensão completa e aplicável desta ferramenta poderosa. Nosso objetivo é simples: capacitar você a criar soluções práticas, robustas e inovadoras, independentemente do seu nível de experiência atual.

C# é uma das linguagens mais relevantes da era moderna, sendo amplamente usada em diversos domínios, como desenvolvimento web, criação de jogos e sistemas empresariais. Com sua sintaxe clara, versatilidade e suporte contínuo pela Microsoft, C# tornou-se uma escolha confiável para desenvolvedores que buscam eficiência e escalabilidade. Neste livro, mostramos como essa linguagem pode ser usada para transformar ideias em aplicações reais que agregam valor, seja no mundo corporativo, no entretenimento ou em dispositivos conectados.

Se você está acessando esta amostra pela Google Play Books ou Amazon KDP, queremos ressaltar a importância de dominar este guia. Cada capítulo foi meticulosamente projetado para proporcionar uma experiência de aprendizado completa, progressiva e prática. Ao longo desta jornada, você entenderá por que o C# é indispensável no cenário atual e como ele pode abrir portas para inúmeras oportunidades de carreira.

Aqui está uma visão geral do que você encontrará em cada

capítulo:

Capítulo 1. Introdução ao C#: História e Aplicações

Descubra como o C# nasceu, evoluiu e conquistou seu lugar entre as linguagens de programação mais importantes. Explore suas aplicações em áreas como desenvolvimento web, jogos e soluções empresariais, e entenda por que dominar esta linguagem é uma decisão estratégica.

Capítulo 2. Configurando seu Ambiente de Desenvolvimento

Aprenda a configurar um ambiente eficiente para programar em C#. Desde a instalação do Visual Studio até a criação do seu primeiro programa, este capítulo oferece instruções claras para que você inicie sua jornada com confiança.

Capítulo 3. Estrutura de um Programa C#

Conheça os elementos que compõem um programa C#, incluindo namespaces, classes e métodos. Dominar esta estrutura é essencial para entender como os códigos são organizados e executados.

Capítulo 4. Tipos de Dados e Operadores

Explore os diversos tipos de dados do C# e como eles podem ser usados para representar informações. Este capítulo cobre operadores aritméticos, relacionais e lógicos, preparando você para realizar cálculos e comparações.

Capítulo 5. Controle de Fluxo em C#

Aprenda a tomar decisões no código com estruturas condicionais como if, else e switch. Descubra também como os laços de repetição for, while e foreach ajudam a automatizar tarefas.

Capítulo 6. Funções e Métodos

Compreenda como criar funções que tornam seu código modular e reutilizável. Este capítulo aborda escopo de variáveis, passagem de parâmetros e métodos estáticos e de instância.

Capítulo 7. Classes, Objetos e POO

A programação orientada a objetos (POO) é um dos pilares do C#. Aqui, você aprenderá sobre propriedades, métodos, herança e interfaces, elementos essenciais para criar programas bem-estruturados.

Capítulo 8. Manipulação de Strings

Descubra como trabalhar com strings em C#, desde operações simples como concatenar até técnicas avançadas como manipulação com expressões regulares.

Capítulo 9. Coleções e Estruturas de Dados

Mergulhe nas coleções do C#, como arrays, listas e dicionários. Aprenda a escolher as estruturas certas para armazenar e gerenciar dados de forma eficiente.

Capítulo 10. Tratamento de Exceções

Domine o uso de try, catch e finally para lidar com erros no seu código. Este capítulo ensina como prevenir falhas e manter a estabilidade de suas aplicações.

Capítulo 11. Trabalhando com Arquivos

Explore a leitura e escrita de arquivos, manipulação de streams e serialização de dados. Este capítulo é essencial para quem deseja trabalhar com persistência de dados.

Capítulo 12. Programação Assíncrona com C#

Entenda como realizar operações assíncronas com async e await. Este capítulo mostra como o C# facilita o gerenciamento de tarefas em paralelo e melhora o desempenho das aplicações.

Capítulo 13. LINQ: Linguagem Integrada de Consulta

Aprenda a realizar consultas em coleções e bancos de dados com LINQ. Este capítulo revela como simplificar a manipulação de dados com esta poderosa ferramenta.

Capítulo 14. Desenvolvimento com Windows Forms

Descubra como criar interfaces gráficas usando Windows Forms. Este capítulo ensina desde a criação de janelas básicas até a manipulação de eventos.

Capítulo 15. Desenvolvimento Web com ASP.NET

Mergulhe no desenvolvimento web com ASP.NET. Crie aplicações modernas, seguras e escaláveis, explorando conceitos como MVC e APIs RESTful.

Capítulo 16. Integração com Bancos de Dados

Aprenda a conectar suas aplicações a bancos de dados, realizar operações CRUD e usar o Entity Framework para simplificar o trabalho com dados.

Capítulo 17. Aplicações em Jogos com Unity

Descubra como o C# é usado para criar jogos na Unity. Este capítulo apresenta os fundamentos do desenvolvimento de jogos 2D e 3D.

Capítulo 18. Segurança e Boas Práticas

Garanta a segurança de suas aplicações com técnicas de validação de dados e proteção contra vulnerabilidades comuns.

Capítulo 19. Testes e Depuração de Código

Aprenda a identificar e corrigir erros em seu código. Este capítulo cobre ferramentas de teste e depuração para garantir a qualidade das suas aplicações.

Capítulo 20. Otimização e Desempenho

Melhore o desempenho das suas aplicações com técnicas de otimização de código e gerenciamento de memória.

Capítulo 21. Trabalhando com APIs Externas

Descubra como integrar serviços externos usando APIs REST e SOAP. Este capítulo inclui autenticação e consumo de dados em tempo real.

Capítulo 22. C# para IoT e Dispositivos

Explore o uso do C# em dispositivos conectados. Este capítulo aborda desde a comunicação entre dispositivos até projetos de automação.

Capítulo 23. Projetos Reais com C#

Veja como aplicar tudo o que aprendeu em projetos práticos, como sistemas de gestão e APIs completas.

Capítulo 24. Tendências Futuras do C#

Fique por dentro das inovações da linguagem e do .NET, além de tendências como inteligência artificial e IoT.

Capítulo 25. Dicas de Carreira e Certificações

Prepare-se para o mercado de trabalho com orientações sobre entrevistas, certificações e planejamento de carreira.

Este livro foi estruturado para ser um guia indispensável, independentemente de você estar começando ou já ter experiência com C#. Em cada página, você encontrará explicações claras, exemplos práticos e desafios que consolidarão seu aprendizado. Então, embarque nesta jornada e descubra como o C# pode transformar a maneira como você cria e inova. Estamos confiantes de que este livro será um divisor de águas em sua trajetória profissional.

CAPÍTULO 1. INTRODUÇÃO AO C#: HISTÓRIA E APLICAÇÕES

A linguagem de programação C# surgiu em um momento decisivo na história da tecnologia. Criada pela Microsoft no ano 2000 como parte da plataforma .NET, seu objetivo era proporcionar uma linguagem moderna, versátil e robusta para o desenvolvimento de software. Inspirada em linguagens como C++, Java e Object Pascal, C# combina os melhores elementos dessas tecnologias para atender às demandas crescentes do mercado de software corporativo, aplicações web e desenvolvimento de jogos.

No início dos anos 2000, a Microsoft buscava uma linguagem que não apenas unisse os conceitos de programação orientada a objetos, mas também garantisse simplicidade e eficiência. A ideia era criar uma alternativa que competisse diretamente com o Java, trazendo inovações que permitissem maior integração com o ecossistema Windows. Anders Hejlsberg, que já havia liderado o desenvolvimento de linguagens como Turbo Pascal e Delphi, foi o responsável pela concepção do C#. Desde então, a linguagem passou por diversas atualizações, cada uma introduzindo novos recursos que ampliaram suas possibilidades e mantiveram sua relevância no cenário tecnológico.

O C# foi inicialmente projetado para ser usado em conjunto com a Common Language Runtime (CLR), que faz parte do .NET Framework. Isso permitiu que desenvolvedores escrevessem código que poderia ser executado em diferentes plataformas suportadas pela Microsoft, enquanto aproveitavam benefícios como gerenciamento automático de memória e suporte a várias linguagens. Com o tempo, a evolução do .NET, incluindo a introdução do .NET Core e, mais recentemente, do .NET 6 e .NET 7, tornou o C# uma ferramenta multiplataforma, ampliando suas aplicações para sistemas Linux, macOS e até mesmo dispositivos móveis.

O impacto do C# vai muito além do ecossistema da Microsoft. Ele se tornou a escolha principal para uma ampla gama de projetos devido à sua flexibilidade. A linguagem é amplamente utilizada em diversas indústrias, cada uma aproveitando suas características para atender às suas necessidades específicas.

No desenvolvimento de sistemas corporativos, o C# é amplamente utilizado para criar aplicações robustas e escaláveis. Organizações ao redor do mundo confiam em ferramentas como o ASP.NET para construir sistemas que suportam milhões de usuários simultaneamente, como portais corporativos, plataformas de comércio eletrônico e sistemas de gestão empresarial (ERP).

No campo do desenvolvimento web, a linguagem é uma das mais populares graças à sua integração com o ASP.NET Core. Essa tecnologia permite a criação de aplicações web modernas, seguras e de alto desempenho. A estrutura modular do C# facilita a implementação de APIs RESTful, que são amplamente utilizadas em sistemas que exigem integração com outros serviços.

A indústria de jogos também abraçou o C#. Graças à sua integração com a engine Unity, a linguagem se tornou um padrão para o desenvolvimento de jogos 2D e 3D. Unity é usada em projetos que vão desde jogos independentes até produções de alto orçamento, além de aplicações de realidade virtual e aumentada. Com sua sintaxe clara e a vasta gama de bibliotecas disponíveis, o C# permite que desenvolvedores criem mundos virtuais detalhados e interativos.

Além disso, o C# está se tornando cada vez mais relevante na Internet das Coisas (IoT). Com a introdução do .NET

IoT e a compatibilidade com dispositivos de baixa potência, como o Raspberry Pi, desenvolvedores podem criar soluções para automação residencial, monitoramento de ambientes e dispositivos conectados. A combinação de facilidade de uso e desempenho torna a linguagem ideal para sistemas onde confiabilidade e eficiência são fundamentais.

Comparado a outras linguagens de programação, o C# oferece um equilíbrio único entre desempenho e produtividade. Enquanto linguagens como C++ oferecem maior controle sobre o hardware, o C# facilita a codificação ao abstrair detalhes complexos, como o gerenciamento de memória, permitindo que os desenvolvedores se concentrem na lógica do programa. Em relação ao Java, o C# oferece uma sintaxe mais moderna e recursos avançados, como LINQ (Language Integrated Query) e async/await para programação assíncrona, que não estão disponíveis de forma tão eficiente em outras plataformas.

A integração do C# com o .NET também o diferencia de linguagens como Python e JavaScript. Embora essas sejam populares em áreas como ciência de dados e desenvolvimento front-end, respectivamente, o C# brilha em sistemas corporativos e aplicações que exigem alto desempenho. A evolução contínua da linguagem, com atualizações regulares que introduzem novos recursos e melhorias, demonstra o compromisso da Microsoft em mantê-la competitiva e relevante.

Um exemplo de aplicação prática do C# pode ser encontrado no desenvolvimento de um sistema de gerenciamento de estoque para uma empresa de varejo. Com o C#, é possível criar uma interface gráfica amigável para que os funcionários registrem entradas e saídas de produtos, enquanto um banco de dados conectado, como o SQL Server, armazena as informações de maneira segura. Aqui está um fragmento de código que demonstra como o C# pode ser usado para registrar uma nova entrada no banco de dados:

csharp

```csharp
using System;
using System.Data.SqlClient;

class InventoryManagement
{
    static void Main()
    {
        string connectionString =
"Server=localhost;Database=InventoryDB;Trusted_Connection=
True;";
        string query = "INSERT INTO Products (ProductName,
Quantity, Price) VALUES (@name, @quantity, @price)";


        Console.Write("Enter product name: ");
        string name = Console.ReadLine();
        Console.Write("Enter quantity: ");
        int quantity = int.Parse(Console.ReadLine());
        Console.Write("Enter price: ");
        decimal price = decimal.Parse(Console.ReadLine());


        using (SqlConnection connection = new
SqlConnection(connectionString))
        {
            SqlCommand command = new SqlCommand(query,
connection);
            command.Parameters.AddWithValue("@name",
name);
```

```
        command.Parameters.AddWithValue("@quantity",
quantity);

        command.Parameters.AddWithValue("@price", price);


        connection.Open();

        int rowsAffected = command.ExecuteNonQuery();


        Console.WriteLine($"{rowsAffected} row(s) inserted.");
    }

  }

}
```

O código acima demonstra a simplicidade e clareza do C# ao integrar uma aplicação com um banco de dados relacional. Ele destaca recursos como o uso de variáveis parametrizadas, que ajudam a prevenir ataques de injeção de SQL, além de encapsular a lógica de conexão dentro de blocos using, que garantem o fechamento adequado dos recursos.

Outro ponto forte do C# é a programação assíncrona, fundamental em aplicações modernas que exigem alta capacidade de resposta. Usando as palavras-chave async e await, desenvolvedores podem implementar chamadas não bloqueantes a APIs externas ou bancos de dados. Veja um exemplo:

csharp

```
using System;

using System.Net.Http;

using System.Threading.Tasks;
```

```
class AsyncExample
{
    static async Task Main()
    {
        string url = "https://api.example.com/data";

        using (HttpClient client = new HttpClient())
        {
            Console.WriteLine("Fetching data...");
            string response = await client.GetStringAsync(url);
            Console.WriteLine("Data received:");
            Console.WriteLine(response);
        }
    }
}
```

O código acima ilustra como o C# permite realizar operações de rede sem interromper o fluxo principal do programa. Essa abordagem é particularmente útil em aplicativos que exigem interatividade contínua, como interfaces gráficas ou aplicativos móveis.

Ao longo das últimas duas décadas, o C# demonstrou ser uma linguagem que se adapta às demandas do mercado, desde o suporte a sistemas legados até as mais recentes tecnologias emergentes. Seu papel no desenvolvimento de software corporativo, jogos e IoT, combinado com sua flexibilidade e facilidade de uso, o torna uma escolha essencial para desenvolvedores que buscam construir soluções modernas e escaláveis.

CAPÍTULO 2. CONFIGURANDO SEU AMBIENTE DE DESENVOLVIMENTO

Preparar um ambiente de desenvolvimento eficiente é o primeiro passo para explorar o potencial da linguagem C#. A escolha e a configuração das ferramentas corretas garantem produtividade e uma experiência de aprendizado suave, permitindo que desenvolvedores iniciantes e experientes obtenham o máximo da linguagem. Este capítulo aborda a instalação do Visual Studio, uma das IDEs mais populares para trabalhar com C#, além de explorar alternativas, realizar a execução inicial de um programa clássico e adotar boas práticas de configuração.

Instalação e configuração do Visual Studio

O Visual Studio é uma ferramenta poderosa desenvolvida pela Microsoft que oferece um ambiente integrado para codificação, depuração e teste. Sua popularidade se deve à interface intuitiva e ao suporte robusto para o desenvolvimento de projetos C#. Antes de começar, é essencial baixar a versão mais recente do Visual Studio no site oficial da Microsoft. Certifique-se de escolher a edição que melhor se adapta às suas necessidades, como a Community Edition, que é gratuita e rica em recursos.

Após baixar o instalador, siga estas etapas para configurar o ambiente:

1. Abra o instalador do Visual Studio.
2. Na tela de seleção de carga de trabalho, escolha

"Desenvolvimento de Desktop com .NET". Essa opção instala os componentes necessários para trabalhar com C#.

3. Inclua outros recursos, como o "ASP.NET e desenvolvimento web", caso planeje criar aplicações web futuramente.

4. Conclua a instalação e inicie o Visual Studio.

Ao abrir o Visual Studio pela primeira vez, você será solicitado a escolher um tema para a interface e um conjunto de teclas de atalho. É recomendável selecionar o layout "Visual Studio" para maximizar a compatibilidade com tutoriais e exemplos. Personalizações adicionais podem ser feitas posteriormente no menu de opções.

Depois de configurar o Visual Studio, crie um novo projeto seguindo estas etapas:

1. Clique em "Criar um novo projeto" na tela inicial.

2. Selecione "Aplicativo de Console (.NET Core)" e clique em "Avançar".

3. Insira um nome para o projeto e escolha o diretório onde ele será salvo.

4. Confirme as configurações e clique em "Criar".

O Visual Studio gerará automaticamente o esqueleto do projeto. A partir daí, você estará pronto para começar a escrever código em C#.

Primeira execução de um programa "Hello, World!"

O programa "Hello, World!" é um marco tradicional na introdução a qualquer linguagem de programação. Ele demonstra os conceitos básicos de sintaxe e saída no console. No projeto recém-criado, a classe principal já estará configurada, contendo o método Main, que é o ponto de entrada de qualquer programa em C#. O código padrão será semelhante a este:

csharp

```csharp
using System;

namespace HelloWorldApp
{
    class Program
    {
        static void Main(string[] args)
        {
            Console.WriteLine("Hello, World!");
        }
    }
}
```

Este código realiza as seguintes operações:

- A linha using System; permite o uso da biblioteca padrão do .NET, que contém classes como Console.

- A declaração namespace HelloWorldApp organiza o código em um escopo definido, facilitando a reutilização e a manutenção.

- A classe Program encapsula a lógica do programa.

- O método Main serve como o ponto de entrada, onde a execução do programa começa.

- A instrução Console.WriteLine("Hello, World!"); exibe a mensagem "Hello, World!" no console.

Para executar o programa, clique em "Iniciar" ou pressione a tecla F5. O console será aberto e a mensagem será exibida. Esta interação básica permite verificar se o ambiente de desenvolvimento foi configurado corretamente.

Ferramentas auxiliares

Além do Visual Studio, existem alternativas e ferramentas auxiliares que podem enriquecer a experiência de desenvolvimento com C#:

Visual Studio Code

O Visual Studio Code, ou VS Code, é uma IDE leve e multiplataforma que também suporta C#. Ele é ideal para desenvolvedores que preferem uma abordagem minimalista ou precisam de uma ferramenta que funcione em sistemas operacionais diferentes. Para configurar o VS Code:

- Baixe o instalador no site oficial do VS Code.

- Instale a extensão C# disponível no Marketplace integrado.

- Certifique-se de que o .NET SDK está instalado no sistema.

- Crie um arquivo Program.cs em um novo diretório e use o seguinte código básico:

csharp

```
using System;

class Program
{
    static void Main()
    {
```

```
        Console.WriteLine("Hello, World!");
    }
}
```

Abra o terminal integrado e execute o comando dotnet run para compilar e executar o programa.

O VS Code também suporta depuração e intellisense, tornando-o uma alternativa versátil para o Visual Studio.

Ferramentas de linha de comando

Para desenvolvedores que preferem trabalhar com linhas de comando, o .NET CLI é uma ferramenta essencial. Ele permite criar, compilar e executar projetos sem a necessidade de uma IDE completa. Após instalar o .NET SDK, use os seguintes comandos básicos:

Para criar um novo projeto de console:

javascript

```
dotnet new console -n HelloWorldApp
cd HelloWorldApp
```

Para compilar e executar o projeto:

arduino

```
dotnet run
```

O .NET CLI é útil para configurar projetos rapidamente, especialmente em ambientes de servidor ou para integrações de automação.

Boas práticas de configuração

Configurar corretamente o ambiente de desenvolvimento é apenas o começo. Para maximizar a produtividade e garantir a qualidade do código, algumas práticas adicionais são recomendadas:

1. **Organização do projeto** Estruturar o código de maneira lógica é essencial para facilitar a manutenção e a escalabilidade. Use pastas para separar diferentes componentes, como modelos, controladores e serviços.

2. **Controle de versão** Use ferramentas como Git para gerenciar alterações no código. Configure um repositório local ou conecte-se a plataformas como GitHub ou Azure DevOps.

3. **Extensões úteis** No Visual Studio, instale extensões como o Resharper para melhorar a produtividade, ou no VS Code, inclua extensões como Prettier para manter o código formatado de maneira consistente.

4. **Atalhos personalizados** Familiarize-se com atalhos de teclado para tarefas frequentes, como depuração, execução e navegação no código. Isso economiza tempo e aumenta a eficiência.

5. **Depuração eficiente** Use pontos de interrupção (breakpoints) no Visual Studio para inspecionar variáveis e identificar erros durante a execução. O recurso "Quick Watch" permite verificar o estado de objetos em tempo real.

6. **Documentação** Adicione comentários significativos ao código, especialmente em métodos complexos. O Visual Studio facilita a criação de documentação XML para classes e métodos.

7. **Configuração de testes** Configure testes automatizados logo no início do projeto. Isso ajuda

a identificar regressões rapidamente e garante que o código esteja funcionando conforme o esperado.

Benefícios de uma Configuração bem Executada

Um ambiente de desenvolvimento bem configurado não só melhora a produtividade, mas também reduz erros e torna o processo de aprendizado mais agradável. Ele permite que desenvolvedores concentrem seus esforços na criação de soluções eficientes, em vez de resolver problemas técnicos relacionados a ferramentas. Seja no Visual Studio, no VS Code ou usando o .NET CLI, a chave para o sucesso está em manter um ambiente organizado, funcional e adaptado às necessidades do projeto.

CAPÍTULO 3. ESTRUTURA DE UM PROGRAMA C#

A estrutura de um programa em C# reflete a organização e a clareza que a linguagem promove, sendo composta por diversos componentes que trabalham juntos para formar aplicações robustas e legíveis. Compreender esses componentes é essencial para criar código eficiente, reutilizável e fácil de manter. Este módulo dedica-se aos elementos fundamentais de um programa em C#, incluindo namespaces, classes e métodos, além de abordar convenções de codificação e padrões de nomenclatura que promovem boas práticas.

Componentes básicos de um programa em C#

Um programa em C# geralmente começa com a definição de namespaces, seguidos pela declaração de classes e métodos. Esses elementos formam a base estrutural de qualquer aplicação e ajudam a organizar o código em um formato lógico e hierárquico.

Namespaces

Namespaces são usados para organizar o código e evitar conflitos entre nomes de classes, métodos ou outras entidades. Eles funcionam como contêineres lógicos que agrupam elementos relacionados, permitindo que diferentes partes de uma aplicação coexistam sem interferência. Por padrão, o namespace System é incluído na maioria dos programas C#, fornecendo acesso a classes fundamentais, como Console.

csharp

```
using System;

namespace MyApplication
{
    class Program
    {
        static void Main(string[] args)
        {
            Console.WriteLine("Welcome to MyApplication!");
        }
    }
}
```

Este exemplo utiliza o namespace System, que contém a classe Console, permitindo o uso do método WriteLine. O namespace MyApplication organiza o código em um escopo definido, garantindo que classes com o mesmo nome em outras partes do projeto não causem conflitos.

Namespaces personalizados podem ser criados para organizar o código de acordo com as necessidades do projeto. Um exemplo seria dividir funcionalidades em diferentes namespaces, como Utilities, Models e Services, facilitando a navegação em projetos maiores.

csharp

```
namespace MyApplication.Utilities
{
    public class MathHelper
```

```
{
    public static int Add(int a, int b)
    {
        return a + b;
    }
}
}
```

O namespace MyApplication.Utilities encapsula a classe MathHelper, evitando interferência com classes de mesmo nome em outros escopos.

Classes

Classes são os blocos de construção fundamentais da programação orientada a objetos em C#. Elas encapsulam dados e comportamentos relacionados, permitindo que sejam reutilizados e mantidos de forma independente. Cada classe em C# pode conter campos, propriedades, métodos e construtores.

csharp

```
namespace MyApplication.Models
{
    public class Person
    {
        public string Name { get; set; }
        public int Age { get; set; }

        public void Greet()
        {
```

```
        Console.WriteLine($"Hello, my name is {Name} and I
am {Age} years old.");
    }
  }
}
```

A classe Person define dois atributos, Name e Age, além de um método Greet que exibe uma mensagem personalizada. Ao encapsular esses elementos, a classe oferece uma representação clara de um objeto do mundo real.

Classes também podem incluir construtores, que são métodos especiais usados para inicializar objetos. Um construtor pode ser usado para atribuir valores iniciais aos campos da classe.

csharp

```
public Person(string name, int age)
{
    Name = name;
    Age = age;
}
```

Métodos

Métodos são blocos de código que executam ações específicas. Eles podem receber parâmetros, retornar valores ou simplesmente realizar operações. O método Main é o ponto de entrada de qualquer aplicação em C#, onde a execução começa.

csharp

```
namespace MyApplication
{
```

```csharp
class Program
{
    static void Main(string[] args)
    {
        int result = Add(5, 10);
        Console.WriteLine($"The result is {result}");
    }

    static int Add(int a, int b)
    {
        return a + b;
    }
}
```

No modelo acima, o método Add recebe dois parâmetros inteiros e retorna sua soma. A chamada para Add ocorre dentro do método Main, exibindo o resultado no console.

Métodos podem ser sobrecarregados, o que significa que múltiplas versões do mesmo método podem existir, contanto que tenham assinaturas diferentes.

csharp

```csharp
public class Calculator
{
    public int Add(int a, int b)
    {
```

```
        return a + b;

}


public double Add(double a, double b)

{

    return a + b;

}

}
```

Com essa abordagem, permite-se que o método Add funcione tanto com inteiros quanto com números de ponto flutuante, aumentando sua flexibilidade.

Convenções de codificação

As convenções de codificação ajudam a manter a consistência e a legibilidade do código. Seguir padrões estabelecidos não só facilita a colaboração em equipes, mas também melhora a manutenção a longo prazo.

Nomenclatura

A escolha de nomes claros e descritivos é fundamental. Em C#, diferentes tipos de identificadores seguem padrões específicos:

- **Classes**: nomes de classes devem ser escritos em PascalCase, com cada palavra iniciando com letra maiúscula. Exemplo: UserManager, PaymentProcessor.

- **Métodos**: nomes de métodos também devem usar PascalCase. Exemplo: CalculateTotal, GetUserDetails.
- **Propriedades**: seguem o mesmo padrão das classes e métodos. Exemplo: OrderDate, CustomerName.

- **Campos**: nomes de campos privados geralmente começam com um sublinhado e seguem camelCase. Exemplo: _userId, _isActive.

- **Variáveis**: variáveis locais devem usar camelCase. Exemplo: orderCount, userList.

Indentação e espaçamento

C# adota indentação de 4 espaços para melhorar a legibilidade. Linhas em branco podem ser usadas para separar blocos de código logicamente relacionados, evitando a aglomeração.

csharp

```
public class Order
{
    private int _orderId;

    public int OrderId
    {
        get { return _orderId; }
        set { _orderId = value; }
    }
}
```

Comentários

Comentários devem ser usados para explicar a intenção do código, especialmente em métodos ou lógicas complexas. Em C#, existem três tipos principais de comentários:

- **Comentários de linha única**: iniciados com //.

- **Comentários de múltiplas linhas**: delimitados por /* e */.

- **Documentação XML**: usados para gerar documentação automática, iniciados com ///.

csharp

```csharp
/// <summary>
/// Calculates the total price of an order.
/// </summary>
/// <param name="quantity">The number of items.</param>
/// <param name="unitPrice">The price per item.</param>
/// <returns>The total price.</returns>
public double CalculateTotal(int quantity, double unitPrice)
{
    return quantity * unitPrice;
}
```

A documentação XML fornece informações detalhadas que podem ser exibidas em IDEs como o Visual Studio, facilitando a compreensão do código por outros desenvolvedores.

Boas práticas no Desenvolvimento

Além das convenções de nomenclatura e organização, adotar boas práticas garante um código mais eficiente e menos propenso a erros:

- **Evitar métodos longos**: divida lógicas complexas em métodos menores e mais específicos.

- **Manter classes coesas**: cada classe deve ter uma única

responsabilidade, seguindo o princípio SRP (Single Responsibility Principle).

- **Usar propriedades em vez de campos públicos**: propriedades oferecem maior controle sobre o acesso aos dados.

- **Validar entradas**: métodos devem verificar os parâmetros recebidos para evitar comportamentos inesperados.

csharp

```csharp
public void SetAge(int age)
{
    if (age < 0 || age > 120)
    {
        throw new ArgumentOutOfRangeException(nameof(age),
"Age must be between 0 and 120.");
    }


    Age = age;
}
```

Tais cuidados aumentam a robustez do código, reduzindo a ocorrência de falhas.

Integração entre componentes

Um programa real combina namespaces, classes e métodos para criar funcionalidades completas. Por exemplo, ao desenvolver um sistema de gerenciamento de pedidos, diferentes classes podem representar entidades como clientes, produtos e pedidos.

csharp

```csharp
namespace MyApplication.Models
{
    public class Product
    {
        public string Name { get; set; }
        public decimal Price { get; set; }
    }

    public class Order
    {
        public int OrderId { get; set; }
        public List<Product> Products { get; set; }

        public decimal CalculateTotal()
        {
            return Products.Sum(product => product.Price);
        }
    }
}
```

No exemplo acima, a classe Order calcula o total com base nos preços dos produtos. Ao integrar esses componentes, é possível construir funcionalidades complexas de maneira modular e escalável.

Resolução de Erros Comuns

Erro: Falha ao compilar o programa devido à ausência do método Main.

Solução: Todo programa C# precisa de um ponto de entrada. Certifique-se de que o método Main está declarado como static dentro de uma classe acessível, por exemplo:

```
static void Main(string[] args) { }
```

Erro: Conflito de nomes entre classes em diferentes arquivos.

Solução: Utilize namespaces distintos e organize cada grupo funcional em seu próprio namespace lógico, como MyApplication.Services ou MyApplication.Models, evitando colisões de nomenclatura.

Erro: Exceção NullReferenceException ao acessar propriedades de objetos.

Solução: Verifique se as instâncias foram criadas antes do uso. Empregue verificações nulas (if (obj != null)) ou o operador de coalescência nula (obj?.Propriedade) para impedir falhas de execução.

Boas Práticas

- Utilize namespaces personalizados para segmentar lógicas de negócio e reduzir dependências circulares.

- Aplique sobrecarga de métodos apenas quando houver necessidade real, evitando ambiguidade e mantendo assinaturas claras.

- Utilize comentários XML de forma consistente para permitir geração automática de documentação e facilitar a manutenção colaborativa.

Resumo Estratégico

Compreender a estrutura de um programa em C# é dominar a base da organização de código moderna. O uso correto de namespaces, classes e métodos garante que a aplicação cresça de forma modular, previsível e fácil de escalar. Quando o desenvolvedor respeita convenções de nomenclatura e isolamento lógico, o resultado é um ecossistema de componentes que interagem sem conflito, reduzindo retrabalho e aumentando a eficiência da manutenção.

A aplicação técnica desses conceitos impulsiona a criação de software empresarial robusto. Cada namespace bem definido e cada classe coesa contribuem para um código mais seguro, com menor acoplamento e maior clareza semântica. Essa arquitetura clara sustenta práticas de CI/CD, integração com APIs e expansão futura, tornando o domínio da estrutura C# um diferencial técnico indispensável.

CAPÍTULO 4. TIPOS DE DADOS E OPERADORES

A linguagem C# oferece uma ampla variedade de tipos de dados e operadores que permitem representar e manipular informações de maneira eficaz. Dominar esses conceitos é fundamental para criar aplicações sólidas e versáteis, garantindo que os dados sejam processados corretamente e que as operações lógicas e aritméticas sejam realizadas de forma precisa.

Tipos de Dados em C#

Os tipos de dados em C# são categorizados em dois grupos principais: primitivos e compostos. Cada tipo possui características específicas que determinam como os valores são armazenados e manipulados.

Tipos Primitivos

Os tipos primitivos são os blocos básicos de construção de qualquer aplicação. Eles são pré-definidos pela linguagem e incluem números, caracteres e valores booleanos.

Tipos Numéricos

Os tipos numéricos em C# podem ser inteiros ou de ponto flutuante. Eles são usados para representar valores numéricos com diferentes tamanhos e precisões.

- byte: Representa números inteiros de 8 bits sem sinal, variando de 0 a 255.

- sbyte: Representa números inteiros de 8 bits com sinal, variando de -128 a 127.

- short: Representa números inteiros de 16 bits com sinal, variando de -32.768 a 32.767.

- ushort: Representa números inteiros de 16 bits sem sinal, variando de 0 a 65.535.

- int: Representa números inteiros de 32 bits com sinal, variando de -2.147.483.648 a 2.147.483.647.

- uint: Representa números inteiros de 32 bits sem sinal, variando de 0 a 4.294.967.295.

- long: Representa números inteiros de 64 bits com sinal, variando de -9.223.372.036.854.775.808 a 9.223.372.036.854.775.807.

- ulong: Representa números inteiros de 64 bits sem sinal, variando de 0 a 18.446.744.073.709.551.615.

Exemplo de uso de tipos numéricos inteiros:

csharp

```
int age = 30;
long population = 7800000000;
byte level = 255;
```

```
Console.WriteLine($"Age: {age}, Population: {population}, Level:
{level}");
```

Os tipos de ponto flutuante são usados para representar valores que incluem casas decimais.

- float: Representa números de ponto flutuante de 32 bits com precisão aproximada de 7 dígitos.

- double: Representa números de ponto flutuante de 64 bits com precisão aproximada de 15-16 dígitos.

- decimal: Representa números de ponto flutuante de 128 bits, ideal para cálculos financeiros devido à maior precisão.

Utilização de tipos numéricos de ponto flutuante:

csharp

```
float price = 19.99f;
double distance = 384400.5; // Distância da Terra à Lua em
quilômetros.
decimal salary = 99999.99m;


Console.WriteLine($"Price: {price}, Distance: {distance}, Salary:
{salary}");
```

Tipos de Caracteres

O tipo char é usado para representar um único caractere

Unicode.

csharp

```
char grade = 'A';
Console.WriteLine($"Grade: {grade}");
```

Tipos Booleanos

O tipo bool é usado para representar valores lógicos: true ou false.

csharp

```
bool isEligible = true;
Console.WriteLine($"Is eligible: {isEligible}");
```

Tipo String

Embora tecnicamente um tipo composto, string é amplamente utilizado para manipular texto.

csharp

```
string greeting = "Hello, World!";
Console.WriteLine(greeting);
```

Tipos Compostos

Os tipos compostos permitem criar estruturas mais complexas, como coleções e objetos.

Arrays

Um array é uma coleção de elementos do mesmo tipo.

csharp

```
int[] numbers = { 1, 2, 3, 4, 5 };
Console.WriteLine($"First number: {numbers[0]}");
```

Listas

A classe List<T> é uma alternativa mais flexível aos arrays.

csharp

```
List<string> fruits = new List<string> { "Apple", "Banana", "Cherry" };
fruits.Add("Date");
Console.WriteLine($"Total fruits: {fruits.Count}");
```

Dicionários

A classe Dictionary<TKey, TValue> armazena pares chave-valor.

csharp

```
Dictionary<string, int> ages = new Dictionary<string, int>
{
    { "Alice", 30 },
    { "Bob", 25 }
};
Console.WriteLine($"Alice's age: {ages["Alice"]}");
```

Operadores em C#

Os operadores são utuilizados para realizar operações em variáveis e valores. C# suporta vários tipos de operadores, incluindo aritméticos, relacionais e lógicos.

Operadores Aritméticos

Os operadores aritméticos realizam cálculos matemáticos básicos.

- +: Soma dois valores.

- -: Subtrai um valor de outro.
- *: Multiplica dois valores.

- /: Divide um valor pelo outro.

- %: Retorna o resto de uma divisão.

csharp

```csharp
int a = 10;
int b = 3;


Console.WriteLine($"Addition: {a + b}");
Console.WriteLine($"Subtraction: {a - b}");
Console.WriteLine($"Multiplication: {a * b}");
Console.WriteLine($"Division: {a / b}");
Console.WriteLine($"Modulus: {a % b}");
```

Operadores Relacionais

Os operadores relacionais são usados para comparar valores e retornam um resultado booleano.

- ==: Verifica se dois valores são iguais.

- !=: Verifica se dois valores são diferentes.

- \>: Verifica se o primeiro valor é maior que o segundo.
- \<: Verifica se o primeiro valor é menor que o segundo.

- \>=: Verifica se o primeiro valor é maior ou igual ao segundo.

- \<=: Verifica se o primeiro valor é menor ou igual ao segundo.

csharp

```
int x = 5;
int y = 10;

Console.WriteLine($"Equal: {x == y}");
Console.WriteLine($"Not equal: {x != y}");
Console.WriteLine($"Greater than: {x > y}");
Console.WriteLine($"Less than: {x < y}");
```

Operadores Lógicos

Os operadores lógicos são usados para combinar condições booleanas.

- &&: Retorna true se ambas as condições forem verdadeiras.

- ||: Retorna true se pelo menos uma das condições for verdadeira.

- !: Inverte o valor lógico.

csharp

```
bool isAdult = true;
bool hasPermission = false;

Console.WriteLine($"Can enter: {isAdult && hasPermission}");
Console.WriteLine($"Requires only one condition: {isAdult ||
hasPermission}");
Console.WriteLine($"Inverted: {!isAdult}");
```

Integração de Tipos de Dados e Operadores

Ao combinar tipos de dados e operadores, é possível criar programas que realizam cálculos complexos, avaliam condições e gerenciam dados.

csharp

```
int apples = 10;
int oranges = 15;
int totalFruits = apples + oranges;

bool moreApples = apples > oranges;

Console.WriteLine($"Total fruits: {totalFruits}");
Console.WriteLine($"More apples than oranges: {moreApples}");
```

Resolução de Erros Comuns

Erro: Conversão inválida entre tipos numéricos.
Solução: Utilize conversões explícitas quando necessário. Por

exemplo, ao converter double para int, aplique (int)valor ou use Convert.ToInt32(valor) para evitar perda de precisão e exceções em tempo de execução.

Erro: Exceção IndexOutOfRangeException ao acessar elementos de um array.
Solução: Verifique sempre o tamanho da coleção antes do acesso usando if (indice < array.Length). Essa validação previne acessos fora dos limites do array.

Erro: Comparação incorreta de strings.
Solução: Use string.Equals(a, b, StringComparison.OrdinalIgnoreCase) para comparações seguras, evitando falhas causadas por diferenças de maiúsculas e minúsculas ou configurações regionais.

Boas Práticas

- Prefira tipos específicos (int, double, decimal) em vez de genéricos (var) quando a clareza for mais importante que a brevidade.

- Use const e readonly para valores imutáveis, garantindo integridade e prevenindo alterações indevidas.

- Evite misturar operações lógicas e aritméticas em uma mesma expressão; divida em etapas para facilitar leitura e depuração.

Resumo Estratégico

O domínio dos tipos de dados e operadores em C# constitui a base de toda aplicação confiável. Cada tipo numérico, booleano ou textual possui características de armazenamento e desempenho que influenciam diretamente a precisão dos cálculos e o consumo de recursos. Compreender esses detalhes permite construir sistemas mais previsíveis, evitando erros sutis em tempo de execução e reduzindo custos de manutenção.

Operadores, por sua vez, representam a ponte entre lógica e processamento. Quando aplicados corretamente, eles permitem expressar intenções de forma clara, eficiente e segura. A combinação de tipos adequados e operadores bem utilizados sustenta a criação de algoritmos robustos, assegurando que o código mantenha consistência e desempenho mesmo em cenários complexos de integração e análise de dados.

CAPÍTULO 5. CONTROLE DE FLUXO EM C#

O controle de fluxo em C# é essencial para a construção de programas que tomam decisões, iteram sobre dados e executam blocos de código condicionalmente. Ele permite que um programa se comporte de maneira dinâmica, reagindo a diferentes entradas ou estados. Dedicamos este módulo às estruturas condicionais if, else e switch, além dos laços de repetição for, while, do-while e o poderoso foreach, juntamente com iteradores para manipulação eficiente de coleções.

Estruturas Condicionais

As estruturas condicionais permitem que o código avalie expressões e execute blocos de instruções com base em resultados verdadeiros ou falsos.

Estrutura if e else

A estrutura if avalia uma condição booleana e executa o bloco associado se a condição for verdadeira. O uso de else permite definir um bloco alternativo a ser executado quando a condição não for atendida.

```csharp
int score = 85;

if (score >= 90)
```

```csharp
{
    Console.WriteLine("Grade: A");
}
else if (score >= 80)
{
    Console.WriteLine("Grade: B");
}
else
{
    Console.WriteLine("Grade: C");
}
```

Este código avalia a pontuação e atribui uma nota com base em intervalos definidos. A lógica condicional permite verificar múltiplas condições em sequência.

Estrutura switch

A estrutura switch é ideal para avaliar uma variável contra diferentes valores e executar o bloco correspondente. Ela é mais eficiente do que uma série de declarações if quando as condições são baseadas em valores específicos.

csharp

```csharp
string day = "Monday";

switch (day)
{
    case "Monday":
```

```csharp
        Console.WriteLine("Start of the work week.");
        break;
    case "Friday":
        Console.WriteLine("End of the work week.");
        break;
    case "Saturday":
    case "Sunday":
        Console.WriteLine("Weekend!");
        break;
    default:
        Console.WriteLine("Midweek day.");
        break;
}
```

A variável day é comparada com várias opções, e o bloco correspondente é executado. O uso de default garante que um valor inesperado também seja tratado.

Laços de Repetição

Os laços de repetição permitem que blocos de código sejam executados várias vezes com base em condições ou coleções de dados.

Estrutura for

A estrutura for é ideal quando o número de iterações é conhecido. Ela combina inicialização, condição e incremento em uma única linha.

csharp

```csharp
for (int i = 1; i <= 5; i++)
```

```
{
    Console.WriteLine($"Iteration: {i}");
}
```

O contador i é inicializado em 1, e o laço continua enquanto i for menor ou igual a 5. Após cada iteração, o valor de i é incrementado.

Estrutura while

A estrutura while executa um bloco de código enquanto uma condição booleana for verdadeira. É usada quando o número de iterações não é conhecido previamente.

csharp
```
int count = 0;

while (count < 3)
{
    Console.WriteLine($"Count: {count}");
    count++;
}
```

O laço continua enquanto count for menor que 3. O incremento dentro do bloco evita loops infinitos.

Estrutura do-while

A estrutura do-while garante que o bloco de código seja executado pelo menos uma vez, pois a condição é avaliada no final.

csharp

```
int number = 0;

do
{
    Console.WriteLine($"Number: {number}");
    number++;
} while (number < 2);
```

Mesmo que a condição seja falsa na primeira verificação, o bloco é executado ao menos uma vez.

Trabalhando com foreach e Iteradores

Estrutura foreach

A estrutura foreach é usada para iterar sobre coleções, como arrays ou listas, de maneira simplificada. Ela elimina a necessidade de gerenciar índices manualmente.

csharp

```
string[] fruits = { "Apple", "Banana", "Cherry" };

foreach (string fruit in fruits)
{
    Console.WriteLine(fruit);
}
```

Cada elemento da coleção fruits é acessado sequencialmente e atribuído à variável fruit, permitindo iteração direta sobre os elementos.

Iteradores

Os iteradores são usados para criar métodos que retornam elementos de uma coleção, um de cada vez, com a palavra-chave yield. Eles permitem criar laços personalizados para acesso incremental aos dados.

csharp

```csharp
IEnumerable<int> GenerateNumbers()
{
    for (int i = 1; i <= 5; i++)
    {
        yield return i;
    }
}


foreach (int number in GenerateNumbers())
{
    Console.WriteLine(number);
}
```

O método GenerateNumbers usa yield return para fornecer números de 1 a 5. A estrutura foreach consome esses valores sequencialmente.

Combinação de Estruturas Condicionais e Laços

Ao combinar estruturas condicionais e laços de repetição, é possível criar lógica mais complexa e funcional.

csharp

```csharp
int[] scores = { 95, 82, 74, 60 };


foreach (int score in scores)
{
    if (score >= 90)
    {
        Console.WriteLine($"Score: {score}, Grade: A");
    }
    else if (score >= 80)
    {
        Console.WriteLine($"Score: {score}, Grade: B");
    }
    else if (score >= 70)
    {
        Console.WriteLine($"Score: {score}, Grade: C");
    }
    else
    {
        Console.WriteLine($"Score: {score}, Grade: F");
    }
}
```

A coleção scores é iterada e cada valor é avaliado para determinar uma nota. Isso demonstra como condições e laços podem ser combinados para processar dados de maneira eficiente.

Controle de Fluxo em Ações Reais

As estruturas de controle de fluxo são amplamente utilizadas em cenários reais, como a validação de dados, execução condicional de tarefas e análise de coleções.

Validação de Entrada do Usuário

csharp

```csharp
int input;

do
{
    Console.WriteLine("Enter a number between 1 and 10:");
    input = int.Parse(Console.ReadLine());
} while (input < 1 || input > 10);

Console.WriteLine($"You entered: {input}");
```

O programa solicita ao usuário que insira um número válido, repetindo até que a entrada esteja dentro do intervalo especificado.

Filtros em Coleções

csharp

```csharp
int[] numbers = { 1, 2, 3, 4, 5, 6, 7, 8, 9, 10 };

foreach (int number in numbers)
{
    if (number % 2 == 0)
```

```
    {

        Console.WriteLine($"Even: {number}");

    }

}
```

O exemplo acima analisa uma coleção de números, exibindo apenas os pares. Isso ilustra como aplicar lógica condicional para filtrar dados.

Resolução de Erros Comuns

Erro: Loop infinito causado por condição incorreta.
Solução: Verifique se a variável de controle é atualizada dentro do laço. Em while e do-while, incremente ou altere o valor utilizado na condição para garantir a finalização correta.

Erro: Exceção InvalidCastException ao usar switch com tipos incompatíveis.
Solução: Certifique-se de que o tipo avaliado no switch é compatível com os valores dos case. Converta explicitamente antes da comparação, se necessário.

Erro: Exceção FormatException ao ler entradas numéricas do console.
Solução: Substitua int.Parse() por int.TryParse() para validar a entrada antes da conversão, evitando interrupções inesperadas na execução.

Boas Práticas

- Utilize foreach sempre que possível para evitar manipulação manual de índices e reduzir erros de acesso em coleções.

- Prefira switch em cenários de múltiplas condições discretas para maior legibilidade e eficiência.

- Evite aninhar muitos blocos if-else; opte por expressões condicionais curtas ou extraia a lógica para métodos auxiliares.

Resumo Estratégico

O controle de fluxo define o comportamento lógico de uma aplicação. Com o uso correto de estruturas condicionais e laços, é possível construir programas previsíveis, eficientes e capazes de reagir a diferentes situações. Compreender a ordem de execução e a avaliação de condições é o que permite transformar algoritmos estáticos em sistemas dinâmicos e interativos.

Essas estruturas também sustentam práticas modernas de desenvolvimento, como automação de testes e pipelines de decisão em tempo real. Saber equilibrar a clareza das condições com a eficiência das repetições diferencia o programador comum do engenheiro que domina o fluxo de execução de ponta a ponta.

CAPÍTULO 6. FUNÇÕES E MÉTODOS

As funções e os métodos são fundamentais na programação em C#. Eles permitem que blocos de código sejam encapsulados, reutilizados e organizados de maneira eficiente. A compreensão desses conceitos possibilita a construção de programas mais modulares, legíveis e fáceis de manter. Neste momento, exploraremos a definição e o uso de funções, o escopo de variáveis, a passagem de parâmetros e a distinção entre métodos estáticos e de instância.

Definição e Uso de Funções

Uma função é um bloco de código que realiza uma tarefa específica. No C#, as funções são definidas dentro de classes e chamadas de métodos. Eles podem retornar valores, receber parâmetros ou simplesmente executar ações.

Estrutura de um Método

Os métodos possuem uma estrutura básica que inclui o tipo de retorno, o nome do método, os parâmetros (opcionais) e o bloco de código.

csharp

```csharp
public int Add(int a, int b)
{
    return a + b;
}
```

No exemplo acima, o método Add:

- Retorna um valor do tipo int.

- Recebe dois parâmetros do tipo int.

- Realiza uma soma e retorna o resultado.

Chamando um Método

Para usar um método, ele deve ser invocado a partir de uma instância da classe (para métodos de instância) ou diretamente pela classe (para métodos estáticos).

csharp

```csharp
public class Calculator
{
    public int Add(int a, int b)
    {
        return a + b;
    }
}


// Chamando o método
Calculator calculator = new Calculator();
int result = calculator.Add(5, 3);
Console.WriteLine($"The result is {result}");
```

O objeto calculator é criado para acessar o método Add. O

resultado da soma é armazenado em result e exibido.

Escopo de Variáveis

O escopo determina onde uma variável é acessível no código. No C#, existem três tipos principais de escopo: local, de classe e global.

Escopo Local

As variáveis locais são definidas dentro de métodos e só podem ser acessadas dentro desses métodos. Elas são criadas quando o método é chamado e destruídas quando o método termina.

csharp

```csharp
public void DisplayMessage()
{
    string message = "Hello, World!";
    Console.WriteLine(message);
}
```

A variável message só existe dentro do método DisplayMessage.

Escopo de Classe

As variáveis de classe, também chamadas de campos, são definidas diretamente na classe e podem ser acessadas por todos os métodos da classe.

csharp

```csharp
public class Person
{
    private string name;

    public void SetName(string name)
```

```
    {
        this.name = name;
    }

    public void Greet()
    {
        Console.WriteLine($"Hello, {name}!");
    }
}
```

A variável name é acessível em todos os métodos da classe Person.

Escopo Global

C# não possui variáveis globais no sentido tradicional. Em vez disso, dados globais podem ser simulados usando variáveis estáticas em classes.

csharp

```
public static class Globals
{
    public static string AppName = "My Application";
}
```

A variável AppName pode ser acessada globalmente em qualquer parte do programa.

Passagem de Parâmetros

Os métodos podem receber dados por meio de parâmetros. Em

C#, os parâmetros podem ser passados por valor, por referência ou como valores opcionais.

Passagem por Valor

Por padrão, os parâmetros são passados por valor, o que significa que uma cópia do valor é usada dentro do método.

csharp

```
public void Increment(int number)
{
    number++;
    Console.WriteLine($"Inside method: {number}");
}


int value = 5;
Increment(value);
Console.WriteLine($"Outside method: {value}");
```

A alteração na variável number não afeta o valor de value fora do método.

Passagem por Referência

Ao utilizar a palavra-chave ref, os parâmetros são passados por referência, permitindo que o método altere o valor original.

csharp

```
public void Increment(ref int number)
{
    number++;
    Console.WriteLine($"Inside method: {number}");
```

```
}
```

```
int value = 5;
Increment(ref value);
Console.WriteLine($"Outside method: {value}");
```

Com ref, a alteração feita no método é refletida na variável original.

Parâmetros Opcionais

Os métodos podem definir valores padrão para parâmetros, tornando-os opcionais.

csharp

```
public void Greet(string name = "Guest")
{
    Console.WriteLine($"Hello, {name}!");
}
```

```
Greet(); // Usa o valor padrão "Guest"
Greet("Alice"); // Substitui o valor padrão
```

Métodos Estáticos e de Instância

Métodos Estáticos

Os métodos estáticos pertencem à classe e não a uma instância específica. Eles podem ser chamados diretamente pelo nome da classe.

csharp

```csharp
public static class MathUtils
{
    public static int Multiply(int a, int b)
    {
        return a * b;
    }
}


int product = MathUtils.Multiply(4, 5);
Console.WriteLine($"Product: {product}");
```

Os métodos estáticos são ideais para operações que não dependem de estados internos da classe.

Métodos de Instância

Os métodos de instância dependem de uma instância específica da classe para serem chamados. Eles têm acesso aos campos e propriedades da classe.

csharp

```csharp
public class Rectangle
{
    public int Width { get; set; }
    public int Height { get; set; }

    public int CalculateArea()
    {
        return Width * Height;
```

```
        }
}
```

```csharp
Rectangle rect = new Rectangle { Width = 10, Height = 5 };
int area = rect.CalculateArea();
Console.WriteLine($"Area: {area}");
```

A área do retângulo é calculada com base nos valores de Width e Height associados à instância rect.

Métodos Sobrecarga

Os métodos podem ser sobrecarregados para lidar com diferentes conjuntos de parâmetros, desde que as assinaturas sejam únicas.

csharp

```csharp
public class Printer
{
    public void Print(string message)
    {
        Console.WriteLine(message);
    }

    public void Print(int number)
    {
        Console.WriteLine($"Number: {number}");
    }
}
```

```csharp
Printer printer = new Printer();
printer.Print("Hello");
printer.Print(123);
```

A sobrecarga permite que o mesmo método processe diferentes tipos de dados.

Métodos Assíncronos

Os métodos assíncronos executam operações de longa duração sem bloquear o fluxo principal do programa. Eles são declarados com a palavra-chave async e frequentemente usam await.

csharp

```csharp
public async Task<string> FetchDataAsync()
{
    await Task.Delay(2000); // Simula um atraso
    return "Data fetched successfully";
}


public async Task DisplayDataAsync()
{
    string data = await FetchDataAsync();
    Console.WriteLine(data);
}


await DisplayDataAsync();
```

Os métodos assíncronos são essenciais para melhorar a responsividade de aplicações que realizam operações de entrada/ saída ou consultas de rede.

Resolução de Erros Comuns

Erro: Chamada incorreta de método estático a partir de uma instância.
Solução: Métodos estáticos devem ser chamados diretamente pelo nome da classe, e não por um objeto. Por exemplo, use MathUtils.Multiply(2,3) em vez de criar uma instância de MathUtils.

Erro: Exceção NullReferenceException ao acessar variáveis de instância não inicializadas.
Solução: Garanta que o objeto seja instanciado antes da chamada do método. Exemplo: Person p = new Person(); p.SetName("Ana"); evita o erro.

Erro: Modificação inesperada de parâmetros dentro de métodos.
Solução: Utilize passagem por valor para proteger variáveis externas. Use ref apenas quando a alteração do valor original for intencional e necessária.

Boas Práticas

- Use métodos estáticos apenas quando a lógica não depender do estado interno da classe.

- Defina nomes de métodos descritivos, preferencialmente com verbos no infinitivo que indiquem ação, como CalculateTotal ou SendMessage.

- Aplique sobrecarga de maneira criteriosa, garantindo que cada versão do método tenha propósito e assinatura distintos.

Resumo Estratégico

As funções e métodos formam o núcleo lógico de qualquer aplicação C#. A correta definição de escopo e a forma de passagem de parâmetros determinam a previsibilidade e a segurança do código. Compreender a diferença entre métodos de instância e estáticos é essencial para modelar comportamentos reutilizáveis e reduzir dependências. O uso consciente de parâmetros opcionais e sobrecarga aumenta a flexibilidade sem comprometer a clareza.

A adoção de métodos assíncronos reflete a maturidade no desenvolvimento moderno, permitindo que tarefas intensivas ocorram sem bloquear o fluxo principal. A aplicação dessa abordagem melhora a responsividade e prepara o sistema para ambientes distribuídos. Implementar essas técnicas é um passo decisivo para criar soluções escaláveis, limpas e alinhadas às melhores práticas de engenharia em C#.

CAPÍTULO 7. CLASSES, OBJETOS E PROGRAMAÇÃO ORIENTADA A OBJETOS

A programação orientada a objetos (POO) é um paradigma que organiza o software em torno de objetos, que são representações de entidades do mundo real ou abstrato. Em C#, a POO é central para a construção de aplicações modulares, escaláveis e fáceis de manter. Detalharemos neste momento os fundamentos da POO, incluindo classes e objetos, propriedades, métodos e encapsulamento, além de conceitos avançados como herança, polimorfismo e interfaces.

Fundamentos da Programação Orientada a Objetos

A POO baseia-se em quatro pilares principais: abstração, encapsulamento, herança e polimorfismo. Esses conceitos facilitam a modelagem de sistemas complexos, permitindo que partes do código sejam reutilizadas e mantidas com eficiência.

- **Abstração** simplifica a representação de entidades, focando em características relevantes e ignorando detalhes desnecessários.
- **Encapsulamento** protege o estado interno dos objetos, restringindo o acesso direto aos seus membros.

- **Herança** permite que classes compartilhem comportamentos e propriedades, promovendo a reutilização do código.

- **Polimorfismo** possibilita que objetos assumam diferentes formas, oferecendo flexibilidade ao código.

Classes e Objetos

Classes são estruturas que definem as propriedades e os comportamentos de um objeto. Um objeto é uma instância de uma classe que contém valores específicos para suas propriedades.

Definindo uma Classe

Uma classe é criada com a palavra-chave class. Seus membros incluem campos, propriedades e métodos.

csharp

```csharp
public class Person
{
    public string Name { get; set; }
    public int Age { get; set; }


    public void Greet()
    {
        Console.WriteLine($"Hello, my name is {Name} and I am {Age} years old.");
    }
}
```

A classe Person possui duas propriedades (Name e Age) e um método (Greet) que imprime uma saudação personalizada.

Criando Objetos

Os objetos são criados a partir de classes usando a palavra-chave new.

csharp

```csharp
Person person = new Person();
person.Name = "Alice";
person.Age = 30;
person.Greet();
```

O objeto person é instanciado com valores específicos para Name e Age. O método Greet utiliza esses valores para exibir uma mensagem.

Propriedades, Métodos e Encapsulamento

As propriedades e os métodos são elementos essenciais de uma classe. O encapsulamento garante que o acesso aos membros de uma classe seja controlado, promovendo segurança e integridade.

Propriedades

As propriedades fornecem uma maneira segura de expor os campos de uma classe. No C#, elas são geralmente definidas com acessadores get e set.

csharp

```csharp
public class Product
{
    private decimal price;

    public decimal Price
    {
```

```csharp
        get { return price; }
        set
        {
            if (value < 0)
            {
                throw new ArgumentException("Price cannot be
negative.");
            }
            price = value;
        }
    }
}
```

A propriedade Price controla o acesso ao campo privado price, garantindo que valores inválidos não sejam atribuídos.

Métodos

Os métodos encapsulam lógica que pode ser executada por objetos da classe.

csharp

```csharp
public class Calculator
{
    public int Add(int a, int b)
    {
        return a + b;
    }
}
```

O método Add aceita dois parâmetros e retorna sua soma.

Encapsulamento

O encapsulamento é implementado usando modificadores de acesso como public, private e protected.

- **public**: Permite acesso de qualquer lugar.
- **private**: Restringe o acesso aos membros da mesma classe.

- **protected**: Permite acesso a classes derivadas.

csharp

```csharp
public class BankAccount
{
    private decimal balance;

    public void Deposit(decimal amount)
    {
        if (amount <= 0)
        {
            throw new ArgumentException("Amount must be positive.");
        }
        balance += amount;
    }

    public decimal GetBalance()
```

```
    {
        return balance;
    }
}
```

A classe BankAccount encapsula a variável balance, permitindo que ela seja manipulada apenas por meio de métodos específicos.

Herança

A herança permite que uma classe herde membros de outra, evitando duplicação de código.

csharp

```
public class Animal
{
    public string Name { get; set; }

    public void Eat()
    {
        Console.WriteLine($"{Name} is eating.");
    }
}


public class Dog : Animal
{
    public void Bark()
    {
```

```
    Console.WriteLine($"{Name} is barking.");

  }

}
```

A classe Dog herda a propriedade Name e o método Eat da classe Animal, além de definir seu próprio método Bark.

Sobrescrita de Métodos

Uma classe derivada pode sobrescrever um método da classe base usando a palavra-chave override.

csharp

```
public class Cat : Animal

{

  public override void Eat()

  {

    Console.WriteLine($"{Name} is eating cat food.");

  }

}
```

O método Eat na classe Cat redefine o comportamento do método da classe base.

Polimorfismo

O polimorfismo permite que objetos de classes derivadas sejam tratados como objetos da classe base.

csharp

```
Animal animal = new Dog();

animal.Name = "Buddy";
```

animal.Eat();

// animal.Bark(); // Não acessível, pois o tipo de referência é Animal.

O objeto animal pode acessar membros da classe base Animal, mas não membros específicos da classe Dog.

Polimorfismo com Métodos Virtuais

Métodos definidos como virtual na classe base podem ser sobrescritos em classes derivadas, permitindo comportamentos diferentes.

csharp

```csharp
public class Bird : Animal
{
    public override void Eat()
    {
        Console.WriteLine($"{Name} is eating seeds.");
    }
}
```

Quando o método Eat é chamado em um objeto Bird, o comportamento sobrescrito é executado.

Interfaces

As interfaces definem um contrato que as classes devem implementar. Elas fornecem flexibilidade ao desenvolvimento, permitindo que diferentes classes compartilhem comportamentos comuns.

csharp

```csharp
public interface IFlyable
{
    void Fly();
}


public class Airplane : IFlyable
{
    public void Fly()
    {
        Console.WriteLine("Airplane is flying.");
    }
}


public class Bird : IFlyable
{
    public void Fly()
    {
        Console.WriteLine("Bird is flying.");
    }
}
```

A interface IFlyable é implementada pelas classes Airplane e Bird, garantindo que ambas possuam o método Fly.

Uso de Interfaces

As interfaces permitem criar métodos genéricos que aceitam

qualquer objeto que implemente a interface.

csharp

```csharp
public void MakeFly(IFlyable flyable)
{

    flyable.Fly();

}


MakeFly(new Airplane());
MakeFly(new Bird());

```

O método MakeFly funciona com qualquer objeto que implemente IFlyable.

Combinação de Conceitos

Ao combinar classes, herança, polimorfismo e interfaces, é possível criar sistemas complexos e flexíveis.

csharp

```csharp
public abstract class Shape
{

    public abstract double GetArea();

}


public class Circle : Shape
{

    public double Radius { get; set; }
```

```csharp
    public override double GetArea()
    {
        return Math.PI * Radius * Radius;
    }
}


public class Rectangle : Shape
{
    public double Width { get; set; }
    public double Height { get; set; }

    public override double GetArea()
    {
        return Width * Height;
    }
}
```

A classe Shape é abstrata e define o contrato para calcular a área. As classes Circle e Rectangle implementam o comportamento específico de acordo com suas formas.

csharp

```csharp
List<Shape> shapes = new List<Shape>
{
    new Circle { Radius = 5 },
```

```
    new Rectangle { Width = 10, Height = 4 }
};

foreach (Shape shape in shapes)
{
    Console.WriteLine($"Area: {shape.GetArea()}");
}
```

A lista shapes contém objetos de diferentes tipos, mas todos são tratados de forma uniforme graças ao polimorfismo.

Resolução de Erros Comuns

Erro: Tentativa de acessar membro privado fora da classe.
Solução: Use propriedades públicas com get e set ou métodos públicos controladores para expor dados de forma segura.

Erro: Falha ao sobrescrever método sem a palavra-chave correta.
Solução: Utilize override em métodos herdados e virtual na classe base para garantir comportamento polimórfico válido.

Erro: Implementação parcial de interface.
Solução: Certifique-se de que todas as assinaturas definidas na interface foram implementadas na classe. O compilador não permite omissões.

Boas Práticas

- Utilize encapsulamento para proteger o estado interno e evitar acessos diretos a campos sensíveis.

- Prefira herança apenas quando existir relação hierárquica clara; caso contrário, opte por composição.

- Use interfaces para definir contratos e promover

flexibilidade em sistemas extensíveis.

Resumo Estratégico

A programação orientada a objetos organiza o código em torno de entidades concretas e abstratas, criando estruturas coerentes e reutilizáveis. Cada classe define comportamentos específicos e interage com outras por meio de contratos e heranças, formando uma base sólida para qualquer aplicação. O encapsulamento garante segurança, enquanto herança e polimorfismo reduzem duplicação e ampliam a adaptabilidade.

Aplicar estes conceitos de forma técnica transforma conjuntos de instruções isoladas em sistemas consistentes e evolutivos. Aplicando tecnicamente classes, objetos e interfaces, o desenvolvedor adquire controle sobre estrutura, extensibilidade e manutenção, alcançando equilíbrio entre clareza e desempenho.

CAPÍTULO 8. MANIPULAÇÃO DE STRINGS

A manipulação de strings é uma habilidade essencial em C#, pois o texto é um dos tipos de dados mais comuns em qualquer aplicação. As strings representam sequências de caracteres e podem ser usadas para armazenar informações como nomes, endereços e mensagens. Vamos então compreender operações básicas e avançadas com strings, formatação, busca e manipulação de textos, além de introduzir o uso de expressões regulares para trabalhar com padrões complexos.

Operações Básicas com Strings

Strings em C# são objetos imutáveis da classe System.String. Isso significa que, após serem criadas, não podem ser alteradas. Qualquer modificação gera uma nova string.

Criação de Strings

Uma string pode ser criada de várias formas, desde literais simples até concatenações.

csharp

```csharp
string greeting = "Hello, World!";

string name = "Alice";

string combined = greeting + " My name is " + name + ".";

Console.WriteLine(combined);
```

A concatenação une várias strings em uma única. No exemplo,

combined contém a saudação, seguida do nome.

Métodos Comuns

A classe String oferece diversos métodos para manipular textos.

- **Length**: Retorna o número de caracteres.

- **ToUpper** e **ToLower**: Convertem para maiúsculas e minúsculas.

- **Trim**: Remove espaços em branco do início e do fim.

- **Substring**: Retorna uma parte da string.

csharp

```csharp
string message = " Hello, C# ";
Console.WriteLine(message.Trim());
Console.WriteLine(message.ToUpper());
Console.WriteLine(message.Substring(2, 5));
```

Interpolação de Strings

A interpolação permite criar strings combinando texto literal com variáveis de maneira legível.

csharp

```csharp
int age = 30;
string interpolated = $"I am {age} years old.";
Console.WriteLine(interpolated);
```

A interpolação utiliza $ antes da string e inclui variáveis dentro de chaves {}.

Operações Avançadas com Strings

Divisão e Junção

A divisão de strings separa uma string em partes com base em um delimitador, enquanto a junção combina elementos de um array em uma única string.

csharp

```
string csv = "apple,banana,cherry";
string[] fruits = csv.Split(',');
foreach (string fruit in fruits)
{
    Console.WriteLine(fruit);
}


string joined = string.Join(", ", fruits);
Console.WriteLine(joined);
```

O método Split cria um array com as partes separadas por vírgulas, enquanto Join as combina novamente.

Substituição

A substituição troca partes de uma string por outros valores.

csharp

```
string sentence = "I love programming.";
string updated = sentence.Replace("love", "enjoy");
Console.WriteLine(updated);
```

O método Replace substitui todas as ocorrências de uma

substring pela nova string.

Comparação

C# oferece métodos para comparar strings, como Equals, que verifica se duas strings são iguais.

csharp

```
string a = "hello";
string b = "HELLO";


bool caseSensitive = a.Equals(b);
bool caseInsensitive = a.Equals(b,
StringComparison.OrdinalIgnoreCase);


Console.WriteLine(caseSensitive); // False
Console.WriteLine(caseInsensitive); // True
```

O parâmetro StringComparison.OrdinalIgnoreCase permite comparação sem distinção entre maiúsculas e minúsculas.

Formatação de Strings

A formatação permite criar strings estruturadas para exibir dados de maneira legível.

Método Format

O método Format insere valores em placeholders numerados.

csharp

```
string formatted = string.Format("My name is {0} and I am {1}
years old.", "Alice", 30);
Console.WriteLine(formatted);
```

Os placeholders {0} e {1} são substituídos pelos valores fornecidos.

Strings Personalizadas

A formatação personalizada é usada para exibir números e datas de maneira específica.

csharp

```
decimal price = 19.99m;
DateTime today = DateTime.Now;


Console.WriteLine(price.ToString("C")); // Formato de moeda
Console.WriteLine(today.ToString("yyyy-MM-dd")); // Formato de data
```

Os formatos C e yyyy-MM-dd exibem valores em representações específicas.

Busca e Manipulação de Textos

Localização de Substrings

A localização de substrings identifica onde partes específicas de uma string aparecem.

csharp

```
string phrase = "The quick brown fox jumps over the lazy dog.";
int index = phrase.IndexOf("fox");
Console.WriteLine($"'fox' found at index: {index}");
```

O método IndexOf retorna a posição inicial da substring. Se não for encontrada, retorna -1.

Verificação de Início e Fim

Os métodos StartsWith e EndsWith verificam se uma string começa ou termina com uma substring específica.

csharp

```
string url = "https://example.com";


bool isSecure = url.StartsWith("https");
bool hasExtension = url.EndsWith(".com");


Console.WriteLine($"Secure: {isSecure}, Has .com: {hasExtension}");
```

Remoção de Partes

Partes de uma string podem ser removidas com o método Remove.

csharp

```
string text = "Hello, World!";
string shortened = text.Remove(5); // Remove a partir do índice 5
Console.WriteLine(shortened);
```

O método Remove retorna uma nova string sem os caracteres especificados.

Introdução ao Uso de Expressões Regulares

As expressões regulares são ferramentas poderosas para buscar, validar e manipular textos com base em padrões. Em C#, elas são implementadas pela classe Regex.

Validação de Formato

Uma expressão regular pode validar se um texto segue um formato específico, como um endereço de email.

csharp

```csharp
using System.Text.RegularExpressions;


string email = "user@example.com";
string pattern = @"^[^@\s]+@[^@\s]+\.[^@\s]+$";


bool isValid = Regex.IsMatch(email, pattern);
Console.WriteLine($"Valid email: {isValid}");
```

O padrão ^[^@\s]+@[^@\s]+\.[^@\s]+$ verifica se o texto possui um formato básico de email.

Substituição com Padrões

A substituição com expressões regulares altera partes de um texto que correspondem a um padrão.

csharp

```csharp
string input = "Phone: 123-456-7890";
string sanitized = Regex.Replace(input, @"\d", "*");
Console.WriteLine(sanitized);
```

O padrão \d corresponde a dígitos numéricos, substituindo-os por asteriscos.

Extração de Dados

A extração permite capturar partes específicas de um texto.

csharp

```csharp
string data = "Order ID: 12345, Total: $678.90";
string orderPattern = @"Order ID: (\d+)";
string totalPattern = @"Total: \$(\d+\.\d{2})";


Match orderMatch = Regex.Match(data, orderPattern);
Match totalMatch = Regex.Match(data, totalPattern);


if (orderMatch.Success && totalMatch.Success)
{
    Console.WriteLine($"Order ID: {orderMatch.Groups[1].Value}");
    Console.WriteLine($"Total: {totalMatch.Groups[1].Value}");
}
```

O método Match busca padrões e retorna grupos capturados, permitindo acesso direto às partes relevantes.

Combinação de Técnicas

A manipulação avançada de strings frequentemente combina várias técnicas para resolver problemas práticos.

csharp

```csharp
string log = "ERROR: Disk full\nINFO: Backup completed
\nWARNING: Low memory";
string[] lines = log.Split('\n');
```

```
foreach (string line in lines)
{
    if (line.StartsWith("ERROR"))
    {
        Console.WriteLine($"Error log: {line}");
    }
}
```

A separação do texto em linhas, combinada com verificações de início, processa apenas as entradas relevantes.

Resolução de Erros Comuns

Erro: Índice fora do intervalo ao usar Substring ou Remove.
Solução: Verifique se o índice é menor que o comprimento da string antes da operação.

Erro: Comparação incorreta por sensibilidade a maiúsculas e minúsculas.
Solução: Use StringComparison.OrdinalIgnoreCase nos métodos de comparação.

Erro: Padrão inválido em expressão regular.
Solução: Teste o padrão antes do uso e envolva a chamada de Regex.Match em tratamento de exceção.

Boas Práticas

- Utilize interpolação de strings em vez de concatenação para melhorar legibilidade.

- Empregue StringBuilder em operações repetitivas de modificação de texto.

- Mantenha padrões de expressões regulares organizados como constantes reutilizáveis.

Resumo Estratégico

A manipulação de strings em C# é uma habilidade versátil que permite trabalhar com texto de forma eficiente e poderosa. A compreensão das operações básicas e avançadas, somada ao uso de expressões regulares, prepara desenvolvedores para lidar com desafios reais em qualquer aplicação. Com essas ferramentas, é possível processar, validar e transformar dados textuais de maneira confiável e eficaz.

CAPÍTULO 9. COLEÇÕES E ESTRUTURAS DE DADOS

Coleções e estruturas de dados são componentes fundamentais para armazenar, organizar e manipular informações em programas C#. Eles permitem gerenciar dados de forma eficiente, seja para processamento em massa, pesquisa, ou manutenção de relações entre valores. Abordaremos neste módulo arrays, listas, dicionários e outros tipos de coleções, explorando operações comuns e as melhores práticas para maximizar o desempenho e a legibilidade do código.

Arrays

Os arrays são estruturas de dados estáticas que armazenam elementos de um mesmo tipo. Eles são ideais para cenários em que o número de elementos é conhecido e fixo.

Declaração e Inicialização

Um array é declarado especificando o tipo dos elementos seguido de []. Ele pode ser inicializado com valores predefinidos ou alocado dinamicamente.

csharp

```csharp
int[] numbers = { 1, 2, 3, 4, 5 };
string[] names = new string[3];
names[0] = "Alice";
names[1] = "Bob";
```

```
names[2] = "Charlie";
```

O array numbers contém cinco inteiros, enquanto names é alocado com três posições, preenchidas posteriormente.

Acesso aos Elementos

Os elementos de um array são acessados pelo índice, que começa em zero.

csharp

```
Console.WriteLine(numbers[2]); // Imprime o terceiro elemento

numbers[4] = 10; // Atualiza o quinto elemento
```

O índice deve estar dentro dos limites do array; caso contrário, uma exceção será lançada.

Percorrendo Arrays

Os arrays podem ser percorridos com estruturas de laço, como for ou foreach.

csharp

```
foreach (int number in numbers)
{
    Console.WriteLine(number);
}
```

O uso de foreach elimina a necessidade de gerenciar índices manualmente.

Listas

As listas são coleções dinâmicas que podem armazenar elementos de forma mais flexível do que arrays. A classe List<T> é amplamente utilizada por sua facilidade de uso e versatilidade.

Declaração e Adição de Elementos

Uma lista é declarada especificando o tipo dos elementos entre < >. Elementos podem ser adicionados a qualquer momento usando o método Add.

csharp

```csharp
List<string> fruits = new List<string>();

fruits.Add("Apple");

fruits.Add("Banana");

fruits.Add("Cherry");
```

A lista fruits cresce dinamicamente conforme novos elementos são adicionados.

Acesso e Modificação

Os elementos de uma lista podem ser acessados pelo índice e modificados diretamente.

csharp

```csharp
Console.WriteLine(fruits[1]); // Imprime "Banana"

fruits[2] = "Blueberry"; // Substitui "Cherry" por "Blueberry"
```

Remoção de Elementos

Os métodos Remove e RemoveAt são usados para excluir elementos.

csharp

```csharp
fruits.Remove("Banana"); // Remove "Banana" pelo valor
```

```
fruits.RemoveAt(0); // Remove o primeiro elemento
```

Operações Comuns

A classe List<T> oferece métodos como Sort para ordenar os elementos e Contains para verificar se um valor está presente.

csharp

```
fruits.Sort();
bool hasApple = fruits.Contains("Apple");
```

Dicionários

Os dicionários armazenam pares chave-valor, permitindo acesso eficiente aos valores por meio de suas chaves. A classe Dictionary<TKey, TValue> é a implementação padrão em C#.

Declaração e Adição de Pares

Um dicionário é declarado especificando os tipos da chave e do valor.

csharp

```
Dictionary<string, int> ages = new Dictionary<string, int>();
ages.Add("Alice", 30);
ages.Add("Bob", 25);
```

As chaves devem ser únicas, enquanto os valores podem ser duplicados.

Acesso aos Valores

Os valores são acessados pelas chaves associadas.

csharp

```
Console.WriteLine(ages["Alice"]); // Imprime 30
```

Se a chave não existir, uma exceção será lançada. O método TryGetValue pode ser usado para evitar erros.

csharp

```
if (ages.TryGetValue("Charlie", out int age))
{

    Console.WriteLine(age);

}
else
{

    Console.WriteLine("Key not found.");

}
```

Remoção de Pares

O método Remove exclui um par chave-valor do dicionário.

csharp

```
ages.Remove("Bob");
```

Outros Tipos de Coleções

HashSet

O HashSet<T> é uma coleção que armazena elementos únicos, ideal para evitar duplicatas.

csharp

```
HashSet<int> uniqueNumbers = new HashSet<int> { 1, 2, 3, 1 };
```

Console.WriteLine(uniqueNumbers.Count); // Imprime 3

Queue

A classe Queue<T> implementa uma fila (FIFO - First In, First Out).

csharp

```
Queue<string> tasks = new Queue<string>();
tasks.Enqueue("Task 1");
tasks.Enqueue("Task 2");
Console.WriteLine(tasks.Dequeue()); // Remove e imprime "Task 1"
```

Stack

A classe Stack<T> implementa uma pilha (LIFO - Last In, First Out).

csharp

```
Stack<string> history = new Stack<string>();
history.Push("Page 1");
history.Push("Page 2");
Console.WriteLine(history.Pop()); // Remove e imprime "Page 2"
```

Boas Práticas no Uso de Coleções
Escolha da Estrutura Correta

Escolher a coleção adequada depende do cenário:

- Use arrays quando o tamanho for fixo.

- Use listas para manipulação dinâmica.

- Use dicionários para relacionamentos chave-valor.

- Use HashSet para garantir unicidade.

- Use filas ou pilhas para manipular ordem de elementos.

Evite Modificações Durante a Iteração

Alterar coleções enquanto elas são percorridas pode causar exceções. Para evitar isso, use uma cópia da coleção ou métodos que não afetem o estado original.

csharp

```csharp
foreach (string fruit in fruits.ToList())
{
    if (fruit.StartsWith("A"))
    {
        fruits.Remove(fruit);
    }
}
```

Use Métodos LINQ

O LINQ (Language Integrated Query) simplifica operações em coleções, como filtragem, ordenação e projeções.

csharp

```csharp
var filteredFruits = fruits.Where(f => f.Contains("e")).ToList();
filteredFruits.ForEach(Console.WriteLine);
```

Evite Sobrecarga de Memória

Coleções grandes podem consumir muita memória. Use métodos como TrimExcess para otimizar o uso de memória.

csharp

```
fruits.TrimExcess();
```

Resolução de Erros Comuns

Erro: Índice fora dos limites ao acessar arrays ou listas.
Solução: Verifique o tamanho da coleção com Length ou Count antes do acesso.

Erro: Remoção de elementos durante iteração.
Solução: Use uma cópia com ToList() ou armazene os itens a remover em uma lista temporária antes da exclusão.

Erro: Chave duplicada em dicionário.
Solução: Valide com ContainsKey antes de usar Add ou utilize TryAdd para inserções seguras.

Boas Práticas

- Escolha a coleção com base na natureza dos dados e na frequência de acesso.

- Prefira var ao declarar coleções com inicialização explícita para maior clareza e menor repetição de tipo.

- Utilize TrimExcess e Clear para controlar uso de memória em coleções dinâmicas.

Resumo Estratégico

Coleções estruturam o armazenamento e a manipulação de dados em C#. Arrays fornecem desempenho previsível em cenários fixos, enquanto listas e dicionários oferecem flexibilidade e acesso direto a informações. A utilização correta de cada estrutura reduz consumo de recursos e simplifica a manutenção do código. E a combinação com LINQ amplia as capacidades de consulta e filtragem, permitindo resolver tarefas complexas com expressões curtas e eficientes.

CAPÍTULO 10. TRATAMENTO DE EXCEÇÕES

O tratamento de exceções é um componente essencial no desenvolvimento de software robusto. Em C#, ele permite que erros sejam detectados e tratados de forma controlada, evitando falhas que poderiam interromper a execução do programa. Exploraremos neste capítulo as estruturas de controle de erro try, catch e finally, a criação de exceções personalizadas e as melhores práticas de manuseio de erros, garantindo que as aplicações sejam resilientes e confiáveis.

Estruturas de Controle de Erro

A abordagem mais comum para lidar com erros em C# utiliza as estruturas try, catch e finally. Essas construções permitem capturar exceções, executar ações de recuperação e garantir que recursos sejam liberados corretamente.

Bloco try

O bloco try contém o código que pode gerar uma exceção. Caso uma exceção ocorra, o controle é transferido para o bloco catch correspondente.

```csharp
try
{
    int[] numbers = { 1, 2, 3 };
```

```
Console.WriteLine(numbers[5]); // Gera uma exceção
}
catch (IndexOutOfRangeException ex)
{
    Console.WriteLine($"Error: {ex.Message}");
}
```

Neste exemplo, a tentativa de acessar um índice inválido em um array gera uma exceção IndexOutOfRangeException, que é capturada e tratada no bloco catch.

Bloco catch

O bloco catch captura a exceção gerada e contém o código para lidar com o erro. É possível especificar o tipo de exceção a ser capturada.

csharp

```
try
{
    int result = 10 / 0;
}
catch (DivideByZeroException ex)
{
    Console.WriteLine("Cannot divide by zero.");
}
```

A exceção DivideByZeroException é capturada e tratada com uma mensagem específica.

Bloco finally

O bloco finally contém o código que deve ser executado independentemente de uma exceção ter sido lançada ou não. Ele é útil para liberar recursos como conexões a bancos de dados ou arquivos.

csharp

```
try
{
    using (StreamReader reader = new StreamReader("file.txt"))
    {
        string content = reader.ReadToEnd();
        Console.WriteLine(content);
    }
}
catch (FileNotFoundException ex)
{
    Console.WriteLine("File not found.");
}
finally
{
    Console.WriteLine("Execution completed.");
}
```

O bloco finally garante que a mensagem "Execution completed." será exibida, mesmo que uma exceção ocorra.

Criando Exceções Personalizadas

Embora o .NET forneça várias classes de exceção predefinidas, é possível criar exceções personalizadas para representar erros específicos de um domínio ou aplicação.

Definindo uma Exceção Personalizada

Uma classe de exceção personalizada deve herdar de Exception e, geralmente, incluir construtores adicionais para fornecer informações detalhadas.

csharp

```csharp
public class InvalidAgeException : Exception
{
    public InvalidAgeException() : base("Age is not valid.") { }

    public InvalidAgeException(string message) : base(message) { }

    public InvalidAgeException(string message, Exception innerException)
        : base(message, innerException) { }
}
```

A exceção InvalidAgeException representa um erro relacionado a idades inválidas.

Lançando Exceções Personalizadas

Exceções personalizadas podem ser lançadas usando a palavra-chave throw.

csharp

```csharp
public void SetAge(int age)
```

```csharp
{
    if (age < 0 || age > 120)
    {
        throw new InvalidAgeException($"Age {age} is invalid.
Must be between 0 and 120.");
    }
}
```

Se a idade fornecida estiver fora do intervalo válido, a exceção personalizada é lançada com uma mensagem descritiva.

Tratando Exceções Personalizadas

O tratamento de exceções personalizadas segue o mesmo padrão das exceções predefinidas.

csharp

```csharp
try
{
    SetAge(-5);
}
catch (InvalidAgeException ex)
{
    Console.WriteLine($"Error: {ex.Message}");
}
```

A exceção é capturada e uma mensagem apropriada é exibida.

Melhores Práticas de Manuseio de Erros

Adotar boas práticas no tratamento de erros melhora a

confiabilidade e a manutenibilidade do código.

Evitar Exceções Desnecessárias

Exceções devem ser usadas para condições inesperadas, não para controle de fluxo normal. Validar entradas antes de executar operações pode evitar exceções desnecessárias.

csharp

```csharp
if (age >= 0 && age <= 120)
{
    SetAge(age);
}
else
{
    Console.WriteLine("Invalid age provided.");
}
```

Capturar Apenas Exceções Relevantes

Capturar exceções genéricas como Exception pode mascarar problemas reais. Sempre que possível, especifique o tipo exato de exceção a ser tratado.

csharp

```csharp
try
{
    ProcessData();
}
catch (IOException ex)
{
    Console.WriteLine($"I/O error: {ex.Message}");
}
```

```
}
catch (UnauthorizedAccessException ex)
{
    Console.WriteLine("Access denied.");
}
```

Essa abordagem permite tratar diferentes tipos de erros de maneira adequada.

Reutilizar Exceções Internas

Ao criar exceções personalizadas, reutilizar exceções internas como innerException fornece mais contexto sobre o erro original.

csharp

```
try
{
    SaveData();
}
catch (IOException ex)
{
    throw new CustomSaveException("Failed to save data.", ex);
}
```

A exceção CustomSaveException encapsula a exceção original, preservando informações úteis para depuração.

Logging de Erros

Registrar exceções em logs é crucial para monitorar e depurar aplicações. Bibliotecas como Serilog e NLog oferecem soluções robustas para logging.

csharp

```
try
{
    OpenDatabaseConnection();
}
catch (Exception ex)
{
    Log.Error(ex, "An error occurred while opening the database connection.");
    throw;
}
```

Os logs fornecem insights sobre falhas sem interromper a execução do programa.

Garantir Liberação de Recursos

O uso do bloco finally ou da instrução using assegura que recursos como arquivos e conexões sejam liberados corretamente.

csharp

```
using (SqlConnection connection = new SqlConnection(connectionString))
{
    connection.Open();
    // Operações no banco de dados
}
```

O using libera automaticamente o recurso ao final do bloco, mesmo que uma exceção ocorra.

Documentar Exceções

Documentar exceções esperadas em métodos ajuda outros desenvolvedores a entenderem como lidar com possíveis erros.

csharp

```csharp
/// <summary>
/// Sets the age of the person.
/// </summary>
/// <param name="age">The age to set.</param>
/// <exception cref="InvalidAgeException">Thrown when the
age is less than 0 or greater than 120.</exception>
public void SetAge(int age)
{
    if (age < 0 || age > 120)
    {
        throw new InvalidAgeException();
    }
}
```

A documentação esclarece as condições sob as quais uma exceção pode ser lançada.

Combinação de Conceitos

Integrar as práticas e conceitos apresentados resulta em código mais resiliente e seguro.

csharp

```csharp
public void ProcessFile(string filePath)
{
    if (string.IsNullOrEmpty(filePath))
    {
        throw new ArgumentException("File path cannot be null or empty.", nameof(filePath));
    }

    try
    {
        using (StreamReader reader = new StreamReader(filePath))
        {
            string content = reader.ReadToEnd();
            Console.WriteLine(content);
        }
    }
    catch (FileNotFoundException ex)
    {
        Console.WriteLine("The specified file does not exist.");
        Log.Error(ex, "File not found.");
    }
    catch (IOException ex)
    {
        Console.WriteLine("An error occurred while reading the
```

```
file.");
    Log.Error(ex, "I/O error.");
  }
  catch (Exception ex)
  {
    Console.WriteLine("An unexpected error occurred.");
    Log.Error(ex, "Unexpected error.");
    throw;
  }
  finally
  {
    Console.WriteLine("File processing complete.");
  }
}
```

O método ProcessFile valida o caminho do arquivo, lê o conteúdo e trata possíveis erros, garantindo que o programa permaneça estável mesmo em condições adversas.

Resolução de Erros Comuns

Erro: Falta de captura para exceções específicas.
Solução: Sempre capture tipos concretos como IOException ou FormatException em vez de Exception genérico.

Erro: Perda de informações da exceção original.
Solução: Ao relançar uma exceção, utilize throw; sem argumentos para preservar o rastreamento de pilha.

Erro: Recursos não liberados após erro.
Solução: Use finally ou a instrução using para garantir a liberação automática de recursos.

Boas Práticas

- Valide dados antes de executar operações que possam gerar erros previsíveis.

- Registre mensagens de erro em logs centralizados com detalhes do contexto.

- Mantenha mensagens de exceção claras, sem expor informações sensíveis.

Resumo Estratégico

O tratamento de exceções em C# mantém o controle da execução mesmo diante de falhas. O uso adequado de try, catch e finally preserva estabilidade, enquanto exceções personalizadas permitem identificar causas específicas. Validar entradas, capturar apenas erros relevantes e registrar ocorrências garante confiabilidade, reduz impacto de falhas e simplifica manutenção.

CAPÍTULO 11. TRABALHANDO COM ARQUIVOS

A manipulação de arquivos é uma habilidade indispensável no desenvolvimento de software. Em C#, é possível realizar operações de leitura, escrita e processamento de arquivos com facilidade, aproveitando as classes e métodos fornecidos pela biblioteca .NET. Este capítulo explora as técnicas fundamentais de leitura e escrita de arquivos, manipulação de streams e arquivos binários, além de serialização e desserialização de dados para persistência e recuperação eficiente de informações.

Leitura e Escrita de Arquivos

Escrita em Arquivos de Texto:

A classe StreamWriter permite escrever dados em arquivos de texto. Caso o arquivo não exista, ele é criado automaticamente.

```csharp
using System.IO;

string filePath = "example.txt";

using (StreamWriter writer = new StreamWriter(filePath))
{
    writer.WriteLine("Hello, World!");
```

```csharp
writer.WriteLine("Welcome to file handling in C#.");
}
```

O método WriteLine adiciona uma linha ao arquivo, enquanto o bloco using garante que o recurso será liberado corretamente.

Leitura de Arquivos de Texto:

A classe StreamReader permite ler o conteúdo de arquivos de texto de maneira eficiente.

csharp

```csharp
using (StreamReader reader = new StreamReader(filePath))
{
    string content = reader.ReadToEnd();
    Console.WriteLine(content);
}
```

O método ReadToEnd lê todo o conteúdo do arquivo e retorna como uma única string.

Escrevendo e Lendo com Métodos Simples:

As classes File e FileInfo oferecem métodos simples para escrita e leitura, ideais para arquivos pequenos.

csharp

```csharp
string content = "Quick write and read example.";
File.WriteAllText("quick_example.txt", content);
```

```
string readContent = File.ReadAllText("quick_example.txt");
Console.WriteLine(readContent);
```

Os métodos WriteAllText e ReadAllText permitem manipulação direta de arquivos de texto, simplificando operações comuns.

Manipulação de Streams

Streams fornecem uma maneira flexível e eficiente de ler e gravar dados em arquivos, independentemente do formato.

Manipulação de Arquivos Binários

Os arquivos binários armazenam dados em formato bruto, exigindo leitura e escrita byte a byte. As classes FileStream e BinaryWriter são úteis nesse contexto.

csharp

```csharp
using (FileStream fs = new FileStream("binary_example.bin",
FileMode.Create))
{
    using (BinaryWriter writer = new BinaryWriter(fs))
    {
        writer.Write(42);      // Escreve um inteiro
        writer.Write(3.14);     // Escreve um número de ponto
flutuante
        writer.Write("Hello");   // Escreve uma string
    }
```

```
}
```

O método Write da classe BinaryWriter permite gravar diferentes tipos de dados no arquivo.

Leitura de Arquivos Binários

Para ler dados binários, a classe BinaryReader é utilizada.

csharp

```csharp
using (FileStream fs = new FileStream("binary_example.bin",
FileMode.Open))
{
    using (BinaryReader reader = new BinaryReader(fs))
    {
        int number = reader.ReadInt32();
        double pi = reader.ReadDouble();
        string message = reader.ReadString();

        Console.WriteLine($"Number: {number}, Pi: {pi}, Message:
{message}");
    }
}
```

Os métodos como ReadInt32, ReadDouble e ReadString leem dados de acordo com o tipo esperado.

Streams de Memória

As classes MemoryStream e BufferedStream permitem manipular dados em memória antes de persistir em arquivos, otimizando operações.

csharp

```
byte[] buffer = new byte[256];

using (MemoryStream ms = new MemoryStream(buffer))
{
    ms.WriteByte(65); // Escreve o byte correspondente a 'A'
}


Console.WriteLine(System.Text.Encoding.UTF8.GetString(buffer));
```

A combinação de MemoryStream com codificação facilita a manipulação de strings como fluxos de dados.

Serialização e Desserialização

Serialização converte objetos em um formato que pode ser armazenado ou transmitido, enquanto desserialização reverte esse processo, reconstruindo o objeto.

Serialização em JSON

A serialização JSON é amplamente usada por sua compatibilidade com diversas plataformas. A biblioteca System.Text.Json fornece métodos eficientes para esse propósito.

csharp

```
using System.Text.Json;


public class Person
{
```

```
    public string Name { get; set; }
    public int Age { get; set; }
}
```

```
Person person = new Person { Name = "Alice", Age = 30 };
string json = JsonSerializer.Serialize(person);
```

```
File.WriteAllText("person.json", json);
Console.WriteLine(json);
```

O método Serialize converte o objeto em uma string JSON, que pode ser gravada em um arquivo.

Desserialização de JSON

A desserialização reconstrói o objeto original a partir do JSON.

csharp

```
string jsonContent = File.ReadAllText("person.json");
Person deserializedPerson =
JsonSerializer.Deserialize<Person>(jsonContent);
```

```
Console.WriteLine($"Name: {deserializedPerson.Name}, Age:
{deserializedPerson.Age}");
```

O método Deserialize recria o objeto original com base na string JSON.

Serialização Binária

A serialização binária é útil para armazenar objetos em um

formato compacto, embora seja menos portátil que o JSON.

csharp

```
using System.Runtime.Serialization.Formatters.Binary;

[Serializable]
public class Product
{
    public string Name { get; set; }
    public decimal Price { get; set; }
}

Product product = new Product { Name = "Laptop", Price = 999.99m };

using (FileStream fs = new FileStream("product.bin", FileMode.Create))
{
    BinaryFormatter formatter = new BinaryFormatter();
    formatter.Serialize(fs, product);
}
```

O atributo [Serializable] indica que a classe pode ser serializada.

Desserialização Binária

A desserialização binária reconstrói objetos previamente serializados.

csharp

```csharp
using (FileStream fs = new FileStream("product.bin",
FileMode.Open))
{
    BinaryFormatter formatter = new BinaryFormatter();
    Product deserializedProduct =
(Product)formatter.Deserialize(fs);


    Console.WriteLine($"Name: {deserializedProduct.Name},
Price: {deserializedProduct.Price}");
}
```

Os dados binários do arquivo são convertidos novamente no objeto Product.

Práticas Essenciais de Manipulação de Arquivos

Utilizar Blocos using

Sempre liberar recursos como streams após o uso evita vazamentos de memória e erros de arquivo.

Tratar Exceções

As operações de arquivo são propensas a erros, como arquivos inexistentes ou permissões insuficientes. Tratar exceções garante que a aplicação permaneça estável.

csharp

```csharp
try
{
    string content = File.ReadAllText("nonexistent.txt");
}
```

```csharp
catch (FileNotFoundException ex)
{
    Console.WriteLine("File not found.");
}
```

Validar Entradas

Antes de acessar arquivos, verificar a validade do caminho e a existência do arquivo reduz erros.

csharp

```csharp
if (File.Exists("data.txt"))
{
    string data = File.ReadAllText("data.txt");
}
else
{
    Console.WriteLine("File does not exist.");
}
```

Evitar Conflitos de Concorrência

Para evitar acessos simultâneos ao mesmo arquivo, usar bloqueios ou métodos assíncronos.

csharp

```csharp
using (FileStream fs = new FileStream("shared.txt",
FileMode.OpenOrCreate, FileAccess.ReadWrite,
FileShare.None))
{
```

```
    // Operações seguras em arquivos compartilhados
}
```

Priorizar Formatos Portáveis

Sempre que possível, utilizar formatos amplamente suportados como JSON ou XML para maximizar a compatibilidade.

Resolução de Erros Comuns

Erro: Arquivo não encontrado durante a leitura.

Solução: Antes de abrir um arquivo, verifique sua existência com File.Exists(path) para evitar FileNotFoundException.

Erro: Falha ao acessar arquivo em uso por outro processo.

Solução: Utilize FileShare.ReadWrite no construtor de FileStream ou implemente controle de concorrência com travas de acesso.

Erro: Serialização falha por classe não marcada como serializável.

Solução: Adicione o atributo [Serializable] ou configure o tipo para JSON com propriedades públicas válidas.

Boas Práticas

- Sempre use blocos using para garantir fechamento de streams.

- Trate exceções de I/O individualmente para identificar a causa real do erro.

- Prefira formatos portáveis como JSON para persistência de dados duradoura e compatível.

Resumo Estratégico

Operações de arquivo em C# exigem controle rigoroso sobre

leitura, gravação e liberação de recursos. O uso de StreamReader, StreamWriter e streams binárias permite manipular dados de forma previsível e segura. Serialização e desserialização transformam objetos em formatos permanentes, facilitando armazenamento e transporte de informações. O manejo cuidadoso desses recursos garante integridade dos dados e estabilidade do sistema em qualquer ambiente de execução.

CAPÍTULO 12. PROGRAMAÇÃO ASSÍNCRONA COM C#

A programação assíncrona é uma abordagem poderosa para melhorar o desempenho e a responsividade das aplicações modernas. Em C#, os conceitos de programação assíncrona são amplamente implementados usando async e await, que simplificam o gerenciamento de operações que podem levar tempo, como acesso a bancos de dados, chamadas a APIs externas e manipulação de arquivos. Abordaremos nesta etapa os fundamentos do async/await, gerenciamento de tarefas e multithreading, além de explorar casos de uso para operações assíncronas.

Introdução ao async/await

O modelo de programação assíncrona em C# utiliza palavras-chave que tornam o código mais legível e fácil de manter, eliminando a complexidade das abordagens tradicionais baseadas em callbacks.

A Palavra-chave async

Um método é marcado como async para indicar que ele pode conter operações assíncronas. Métodos assíncronos retornam um Task ou Task<T>, exceto quando não há valor a ser retornado, em que o retorno é void (apenas para manipuladores de eventos).

csharp

```
public async Task DoSomethingAsync()
{
```

```
    await Task.Delay(1000); // Simula uma operação assíncrona
    Console.WriteLine("Operation completed.");
}
```

O método acima é executado de forma assíncrona e utiliza Task.Delay para simular uma pausa de 1 segundo.

A Palavra-chave await

O await é usado para aguardar a conclusão de uma operação assíncrona antes de continuar a execução do código subsequente.

csharp

```
public async Task ExecuteAsync()
{
    Console.WriteLine("Starting operation...");
    await Task.Delay(2000); // Aguarda a conclusão da operação
    Console.WriteLine("Operation finished.");
}
```

O uso de await libera o thread atual para executar outras tarefas enquanto espera pela conclusão da operação.

Diferença Entre Métodos Síncronos e Assíncronos

Métodos síncronos bloqueiam o thread principal enquanto esperam pela conclusão de uma tarefa. Em contrapartida, métodos assíncronos permitem que outras operações continuem enquanto aguardam.

csharp

```
// Método síncrono
```

```csharp
public void PerformSync()
{
    Thread.Sleep(3000);
    Console.WriteLine("Synchronous operation completed.");
}


// Método assíncrono
public async Task PerformAsync()
{
    await Task.Delay(3000);
    Console.WriteLine("Asynchronous operation completed.");
}
```

No método síncrono, a execução do programa é bloqueada durante a pausa, enquanto no assíncrono, o programa permanece responsivo.

Gerenciamento de Tarefas e Multithreading

A Classe Task

A classe Task representa uma operação assíncrona e é a base do modelo de programação assíncrona em C#. Ela permite criar, executar e monitorar tarefas.

csharp

```csharp
public async Task<string> FetchDataAsync()
{
    await Task.Delay(1000); // Simula a latência
    return "Data fetched successfully.";
```

```
}
```

O método descrito retorna um Task<string>, permitindo que o chamador obtenha o resultado assim que a operação for concluída.

Criando e Executando Tarefas

As tarefas podem ser criadas e executadas explicitamente usando o método Task.Run.

csharp

```
Task<int> computeTask = Task.Run(() =>
{
    int result = 0;
    for (int i = 1; i <= 10; i++)
    {
        result += i;
    }
    return result;
});


int sum = await computeTask;
Console.WriteLine($"Sum: {sum}");
```

A tarefa é executada em um thread separado, enquanto o programa principal continua sua execução.

Paralelismo com Várias Tarefas

O método Task.WhenAll permite executar várias tarefas

simultaneamente e aguardar que todas sejam concluídas.

csharp

```csharp
public async Task ProcessMultipleTasksAsync()
{
    Task task1 = Task.Delay(2000);
    Task task2 = Task.Delay(3000);
    Task task3 = Task.Delay(1000);

    await Task.WhenAll(task1, task2, task3);
    Console.WriteLine("All tasks completed.");
}
```

As três tarefas são iniciadas simultaneamente, e o método aguarda a conclusão de todas antes de prosseguir.

Cancelamento de Tarefas

A classe CancellationToken permite que tarefas sejam canceladas de maneira controlada.

csharp

```csharp
public async Task PerformCancellableTask(CancellationToken cancellationToken)
{
    for (int i = 0; i < 10; i++)
    {
        if (cancellationToken.IsCancellationRequested)
        {
            Console.WriteLine("Task was cancelled.");
```

```
        return;
    }
    await Task.Delay(1000);
    Console.WriteLine($"Iteration {i + 1} completed.");
    }
}
```

O token de cancelamento permite interromper a tarefa com segurança, preservando o estado da aplicação.

Multithreading e Sincronização

Embora a programação assíncrona simplifique muitas operações, entender o funcionamento de threads é importante para maximizar o desempenho em cenários avançados.

A Classe Thread

A classe Thread é usada para criar e gerenciar threads explicitamente.

csharp

```
Thread thread = new Thread(() =>
{
    for (int i = 0; i < 5; i++)
    {
        Console.WriteLine($"Thread: {i}");
        Thread.Sleep(500);
    }
});
```

thread.Start();

O método Start inicia a execução do thread, que opera de forma independente do fluxo principal.

Sincronização com lock

A sincronização evita condições de corrida em cenários onde múltiplos threads acessam recursos compartilhados.

csharp

```csharp
private static readonly object _lock = new object();
private static int _counter = 0;


public static void IncrementCounter()
{
    lock (_lock)
    {
        _counter++;
        Console.WriteLine($"Counter: {_counter}");
    }
}
```

O bloco lock garante que apenas um thread por vez acesse o recurso protegido.

Casos de Uso para Operações Assíncronas

Chamadas a APIs Externas

A programação assíncrona é amplamente usada para consumir APIs REST sem bloquear o fluxo principal.

csharp

```csharp
using System.Net.Http;


public async Task FetchApiDataAsync()
{
    using HttpClient client = new HttpClient();
    string data = await client.GetStringAsync("https://api.example.com/data");
    Console.WriteLine(data);
}
```

A utilização de HttpClient com await permite que a aplicação permaneça responsiva durante a requisição.

Leitura e Escrita em Arquivos

As operações de arquivo podem ser otimizadas usando métodos assíncronos como File.ReadAllTextAsync.

csharp

```csharp
string content = await File.ReadAllTextAsync("largefile.txt");
Console.WriteLine(content);
```

A leitura assíncrona evita o bloqueio durante o processamento de arquivos grandes.

Interface Responsiva

Em aplicações desktop ou móveis, operações longas podem ser executadas de maneira assíncrona para evitar que a interface fique congelada.

csharp

```csharp
public async Task PerformLengthyOperationAsync()
{
    await Task.Delay(5000);
    Console.WriteLine("Operation completed.");
}
```

Essa abordagem melhora significativamente a experiência do usuário, mantendo a interatividade da interface.

Processamento de Dados em Lote

O processamento em lote pode ser dividido em tarefas paralelas para aproveitar melhor os recursos do sistema.

csharp

```csharp
List<int> data = Enumerable.Range(1, 1000).ToList();

await Task.WhenAll(data.Select(async number =>
{
    await Task.Delay(10); // Simula processamento
    Console.WriteLine($"Processed: {number}");
}));
```

As tarefas são executadas em paralelo, reduzindo o tempo total de processamento.

Resolução de Erros Comuns

Erro: Uso incorreto de await em métodos não marcados como async.
Solução: Adicione o modificador async à assinatura do método para permitir o uso de await.

Erro: Bloqueio de thread ao usar .Result ou .Wait().
Solução: Evite chamadas síncronas em tarefas assíncronas; use await para não bloquear a execução.

Erro: Cancelamento de tarefa ignorado.
Solução: Verifique cancellationToken.IsCancellationRequested periodicamente dentro do método e encerre a execução quando solicitado.

Boas Práticas

- Utilize ConfigureAwait(false) em bibliotecas e métodos não dependentes de contexto de interface.

- Prefira Task.WhenAll e Task.WhenAny para coordenação de múltiplas tarefas.

- Use HttpClient de forma reutilizável para evitar exaustão de conexões.

Resumo Estratégico

Execução assíncrona em C# permite que operações longas ocorram sem interrupção do fluxo principal, mantendo o sistema responsivo. A combinação de async e await organiza tarefas de forma clara, evita bloqueios desnecessários e distribui melhor o processamento entre threads. O modelo descrito melhora desempenho em operações de rede, acesso a arquivos e processos paralelos, garantindo respostas rápidas e execução estável mesmo sob alta carga.

CAPÍTULO 13. LINQ: LINGUAGEM INTEGRADA DE CONSULTA

A Linguagem Integrada de Consulta (LINQ, do inglês Language Integrated Query) é uma das características mais poderosas do C#. Ela permite realizar consultas a coleções de dados, bancos de dados, XML e outros tipos de dados de maneira intuitiva, usando uma sintaxe unificada e fluida. Detalharemos aqui os fundamentos do LINQ, seus benefícios, exemplos de consultas simples e avançadas, e o uso de operadores para manipulação de dados de forma eficiente.

Fundamentos e Benefícios do LINQ

O LINQ é uma abstração que unifica a maneira como os desenvolvedores consultam dados. Ele elimina a necessidade de linguagens específicas para acessar diferentes tipos de dados, como SQL para bancos de dados e XPath para XML. Em vez disso, permite que todas as consultas sejam escritas diretamente no C#.

Componentes do LINQ

O LINQ consiste em três componentes principais:

- **Fontes de Dados**: Coleções, bancos de dados, arquivos XML, etc.

- **Operadores de Consulta**: Métodos usados para manipular e consultar dados.

- **Execução de Consultas**: Os resultados das consultas

podem ser executados imediatamente ou de forma diferida.

Benefícios do LINQ

- **Consistência**: Uma única sintaxe para diferentes tipos de fontes de dados.

- **Legibilidade**: Consultas são escritas em C#, eliminando a necessidade de strings complexas.

- **Segurança de Tipos**: O compilador verifica as consultas, reduzindo erros.

- **Produtividade**: Operadores pré-definidos facilitam tarefas comuns.

Consultas Simples e Avançadas

Consultas em Coleções

O LINQ pode ser usado para consultar coleções como listas e arrays. A sintaxe de consulta é declarativa, similar ao SQL.

csharp

```
List<int> numbers = new List<int> { 1, 2, 3, 4, 5, 6, 7, 8, 9, 10 };

var evenNumbers = from number in numbers
        where number % 2 == 0
        select number;

foreach (var num in evenNumbers)
```

```
{
    Console.WriteLine(num);
}
```

A consulta acima retorna todos os números pares da lista. A palavra-chave where filtra os dados, enquanto select define o que será retornado.

Consultas com Sintaxe de Método

Além da sintaxe declarativa, o LINQ suporta uma sintaxe baseada em métodos, usando métodos de extensão.

csharp

```
var evenNumbers = numbers.Where(n => n % 2 == 0);

evenNumbers.ToList().ForEach(Console.WriteLine);
```

A sintaxe baseada em métodos é amplamente utilizada devido à sua clareza e concisão.

Consultas Avançadas

As consultas podem ser combinadas para realizar operações mais complexas, como ordenação, agrupamento e projeção de dados.

Ordenação

O operador orderby ordena os resultados em ordem crescente ou decrescente.

csharp

```
var orderedNumbers = from number in numbers

                where number > 3

                orderby number descending
```

APRENDA C# - EDIÇÃO 2025

```
            select number;
```

```
orderedNumbers.ToList().ForEach(Console.WriteLine);
```

Agrupamento

O operador group agrupa os elementos com base em uma chave.
csharp

```
var groupedNumbers = from number in numbers
                group number by number % 2 into groups
                select new { Key = groups.Key, Values = groups };
```

```
foreach (var group in groupedNumbers)
{
    Console.WriteLine($"Group: {group.Key}");
    foreach (var value in group.Values)
    {
        Console.WriteLine($" Value: {value}");
    }
}
```

Projeção

A projeção cria novos objetos a partir dos resultados da consulta.
csharp

```
var projections = from number in numbers
            select new { Number = number, Square = number *
```

137

```
number };
```

```
foreach (var item in projections)
{
    Console.WriteLine($"Number: {item.Number}, Square:
{item.Square}");
}
```

Consultas em Bancos de Dados

O LINQ to SQL e o Entity Framework permitem que consultas LINQ sejam traduzidas em comandos SQL e executadas diretamente no banco de dados.

Configuração

O Entity Framework Core é amplamente utilizado para consultas LINQ em bancos de dados. Primeiro, uma classe de contexto é configurada para representar o banco de dados.

csharp

```csharp
public class ApplicationContext : DbContext
{
    public DbSet<Product> Products { get; set; }

    protected override void
OnConfiguring(DbContextOptionsBuilder options)
    {
        options.UseSqlServer("your_connection_string");
    }
}
```

```csharp
public class Product
{
    public int Id { get; set; }
    public string Name { get; set; }
    public decimal Price { get; set; }
}
```

Consultas no Banco de Dados

Uma vez configurado, o contexto permite realizar consultas LINQ diretamente.

csharp

```csharp
using (var context = new ApplicationContext())
{
    var expensiveProducts = from product in context.Products
                where product.Price > 100
                select product;

    foreach (var product in expensiveProducts)
    {
        Console.WriteLine($"{product.Name}: {product.Price}");
    }
}
```

O modelo acima retorna todos os produtos cujo preço é superior a 100.

Trabalhando com Operadores do LINQ

Operadores de Filtragem

- **Where**: Filtra os elementos com base em uma condição.

csharp

```csharp
var filtered = numbers.Where(n => n > 5);
```

- **Take** e **Skip**: Retornam uma parte da coleção.

csharp

```csharp
var firstThree = numbers.Take(3);
var skipThree = numbers.Skip(3);
```

Operadores de Projeção

- **Select**: Transforma os elementos da coleção.

csharp

```csharp
var squares = numbers.Select(n => n * n);
```

- **SelectMany**: Trabalha com coleções aninhadas.

csharp

```csharp
var nestedNumbers = new List<List<int>>
{
    new List<int> { 1, 2, 3 },
    new List<int> { 4, 5, 6 }
};
```

```
var flattened = nestedNumbers.SelectMany(list => list);
flattened.ToList().ForEach(Console.WriteLine);
```

Operadores de Ordenação

- **OrderBy** e **OrderByDescending**: Ordenam os elementos.

csharp

```
var descending = numbers.OrderByDescending(n => n);
```

Operadores de Conjunto

- **Distinct**: Remove duplicatas.

csharp

```
var distinctNumbers = numbers.Distinct();
```

- **Union, Intersect, Except**: Realizam operações de conjunto.

csharp

```
var set1 = new List<int> { 1, 2, 3 };
var set2 = new List<int> { 3, 4, 5 };

var union = set1.Union(set2);
var intersect = set1.Intersect(set2);
var except = set1.Except(set2);
```

Operadores de Agrupamento e Agregação

- **GroupBy**: Agrupa elementos.

csharp

```
var grouped = numbers.GroupBy(n => n % 2);
```

- **Sum**, **Average**, **Count**: Realizam operações agregadas.

csharp

```
var total = numbers.Sum();
var average = numbers.Average();
var count = numbers.Count();
```

Resolução de Erros Comuns

Erro: Execução prematura de consultas LINQ.
Solução: Lembre-se de que consultas LINQ usam execução diferida; use ToList() ou ToArray() quando precisar materializar os resultados imediatamente.

Erro: Modificação de coleção durante iteração LINQ.
Solução: Crie uma nova lista com o resultado (.ToList()) antes de alterar a coleção original.

Erro: Exceções em consultas a banco de dados via LINQ to SQL.
Solução: Valide a conexão e verifique se a expressão pode ser traduzida em SQL antes da execução.

Boas Práticas

- Prefira a sintaxe de métodos para expressões curtas e encadeadas.

- Use Select e Where em sequência lógica, filtrando antes de projetar resultados.

- Evite consultas aninhadas complexas; divida etapas para

melhorar clareza e desempenho.

Resumo Estratégico

LINQ unifica o acesso a dados em C#, permitindo consultas expressivas sobre coleções, bancos e estruturas diversas com uma sintaxe coerente. A combinação de operadores como Where, Select, GroupBy e OrderBy elimina a necessidade de códigos repetitivos e facilita a leitura. Esse modelo integra lógica declarativa ao código funcional, reduzindo erros, aumentando a consistência e oferecendo controle preciso sobre filtragem, projeção e agregação de informações.

CAPÍTULO 14.
DESENVOLVIMENTO COM
WINDOWS FORMS

Windows Forms é uma das tecnologias mais antigas e estáveis da plataforma .NET para criar interfaces gráficas (GUIs) em aplicações Windows. Apesar de tecnologias mais recentes, como WPF e .NET MAUI, o Windows Forms continua sendo amplamente utilizado devido à sua simplicidade e eficiência. Este capítulo detalha a criação de interfaces gráficas básicas, eventos e manipulação de elementos visuais, além de conectar formulários à lógica de negócios.

Criação de Interfaces Gráficas Básicas

Uma aplicação Windows Forms começa com a criação de formulários, que servem como a interface principal para o usuário. Cada formulário é uma janela que pode conter botões, caixas de texto, rótulos e outros elementos visuais.

Configuração do Projeto

Para criar uma aplicação Windows Forms, primeiro configure um projeto no Visual Studio:

1. No menu principal, escolha **Arquivo > Novo > Projeto**.
2. Selecione **Aplicativo Windows Forms (.NET)** e clique em **Avançar**.
3. Insira o nome e o local do projeto e clique em **Criar**.

O Visual Studio cria automaticamente um arquivo Form1.cs, que é o formulário inicial da aplicação.

Adicionando Elementos Visuais

Os elementos visuais podem ser adicionados arrastando e soltando controles da **Caixa de Ferramentas** para o formulário.

1. Adicione um Button e um Label ao formulário.
2. Altere as propriedades dos controles na janela **Propriedades**:
   ○ Defina o texto do botão como "Clique Aqui".
   ○ Nomeie o rótulo como lblMessage.

Código do Formulário

O arquivo Form1.Designer.cs contém o código gerado automaticamente para os controles adicionados. O código no arquivo principal Form1.cs manipula os eventos desses controles.

csharp

```csharp
public partial class Form1 : Form
{
    public Form1()
    {
        InitializeComponent();
    }


    private void btnClick_Click(object sender, EventArgs e)
    {
        lblMessage.Text = "Botão clicado!";
    }
}
```

Neste exemplo, o método btnClick_Click é associado ao evento de clique do botão. Quando o botão é clicado, o texto do rótulo é atualizado.

Eventos e Manipulação de Elementos Visuais

A programação baseada em eventos é central para o desenvolvimento com Windows Forms. Os eventos permitem responder a ações do usuário, como cliques, pressionamento de teclas e movimentação do mouse.

Manipulação de Eventos

Eventos são tratados associando métodos aos controles no formulário. O Visual Studio facilita essa associação através da **Propriedades de Eventos** (ícone de raio).

1. Clique no botão no formulário.
2. Vá para a guia de eventos e clique duas vezes em Click.
3. O Visual Studio cria um método vazio no arquivo de código, onde a lógica pode ser implementada.

csharp

```csharp
private void btnSubmit_Click(object sender, EventArgs e)
{
    MessageBox.Show("Formulário enviado com sucesso!");
}
```

Manipulação de Controles em Tempo de Execução

Os controles podem ser criados e manipulados dinamicamente no código.

csharp

```csharp
Button dynamicButton = new Button();
```

```
dynamicButton.Text = "Dinâmico";
dynamicButton.Location = new Point(50, 50);
dynamicButton.Click += DynamicButton_Click;
this.Controls.Add(dynamicButton);
```

O botão é criado e adicionado ao formulário em tempo de execução. O evento Click é tratado pelo método DynamicButton_Click.

csharp

```
private void DynamicButton_Click(object sender, EventArgs e)
{
    MessageBox.Show("Botão dinâmico clicado!");
}
```

Layout e Organização

O layout dos elementos pode ser gerenciado manualmente ou usando contêineres como FlowLayoutPanel e TableLayoutPanel.

csharp

```
FlowLayoutPanel flowLayout = new FlowLayoutPanel();
flowLayout.Dock = DockStyle.Fill;

Button btn1 = new Button { Text = "Botão 1" };
Button btn2 = new Button { Text = "Botão 2" };

flowLayout.Controls.Add(btn1);
flowLayout.Controls.Add(btn2);
```

```
this.Controls.Add(flowLayout);
```

O FlowLayoutPanel organiza os controles adicionados automaticamente, economizando esforço no posicionamento manual.

Conexão de Formulários com Lógica de Negócios

Uma aplicação real geralmente requer a integração de formulários com a lógica de negócios para processar dados e executar ações.

Utilização de Camadas de Negócios

Divida a aplicação em camadas para separar a interface do usuário da lógica de negócios.

1. Crie uma classe em um arquivo separado para encapsular a lógica de negócios.

csharp

```csharp
public class BusinessLogic
{
    public string ProcessData(string input)
    {
        return $"Dados processados: {input.ToUpper()}";
    }
}
```

2. No formulário, instancie a classe e chame seus métodos.

csharp

```
private void btnProcess_Click(object sender, EventArgs e)
{
    BusinessLogic logic = new BusinessLogic();
    string result = logic.ProcessData(txtInput.Text);
    lblResult.Text = result;
}
```

O botão chama a lógica de negócios para processar a entrada do usuário e exibe o resultado.

Passagem de Dados Entre Formulários

Em aplicações com múltiplos formulários, é comum compartilhar dados entre eles.

1. Crie um segundo formulário (Form2) com um controle Label para exibir dados.
2. No formulário principal, instancie e exiba o segundo formulário.

csharp

```
Form2 form2 = new Form2();
form2.SetMessage("Olá, Form2!");
form2.Show();
```

3. Adicione um método ao segundo formulário para receber dados.

csharp

```
public void SetMessage(string message)
```

```
{
    lblMessage.Text = message;
}
```

Os dados do formulário principal são exibidos no segundo formulário.

Interação com Bancos de Dados

A lógica de negócios frequentemente interage com bancos de dados para armazenar e recuperar informações.

1. Use SqlConnection e SqlCommand para executar operações no banco de dados.

csharp

```
string connectionString = "your_connection_string";


using (SqlConnection connection = new
SqlConnection(connectionString))
{
    connection.Open();
    string query = "SELECT Name FROM Users WHERE Id = @Id";
    using (SqlCommand command = new SqlCommand(query,
connection))
    {
        command.Parameters.AddWithValue("@Id", 1);
        string name = command.ExecuteScalar()?.ToString();
        lblResult.Text = name;
    }
```

}

2. Conecte o resultado do banco de dados à interface do usuário, como preenchendo uma lista.

csharp

```csharp
string query = "SELECT Name FROM Users";


using (SqlCommand command = new SqlCommand(query, connection))
using (SqlDataReader reader = command.ExecuteReader())
{
    while (reader.Read())
    {
        lstUsers.Items.Add(reader["Name"].ToString());
    }
}
```

Os nomes dos usuários são carregados de um banco de dados e exibidos em uma lista.

Práticas Recomendadas no Desenvolvimento com Windows Forms

Design Responsivo

Evite posicionamento absoluto e use contêineres como Panel e TableLayoutPanel para criar interfaces que se ajustem a diferentes resoluções de tela.

Validação de Entrada

Sempre valide os dados inseridos pelos usuários antes de processá-los.

csharp

```csharp
if (string.IsNullOrEmpty(txtName.Text))
{
    MessageBox.Show("O campo Nome é obrigatório.");
    return;
}
```

Uso de Threads para Longas Operações

Operações demoradas devem ser executadas em threads separados para evitar que a interface congele.

csharp

```csharp
private async void btnLoadData_Click(object sender, EventArgs e)
{
    lblStatus.Text = "Carregando...";
    await Task.Run(() => LoadData());
    lblStatus.Text = "Concluído.";
}

private void LoadData()
{
    Thread.Sleep(5000); // Simula uma operação longa
}
```

Separação de Responsabilidades

Mantenha a interface do usuário separada da lógica de negócios para facilitar a manutenção e os testes.

Tratamento de Exceções

Capture exceções em eventos para evitar falhas inesperadas.

csharp

```csharp
try
{
    // Código potencialmente problemático
}
catch (Exception ex)
{
    MessageBox.Show($"Erro: {ex.Message}");
}
```

Resolução de Erros Comuns

Erro: Interface travada durante operação demorada.
Solução: Execute tarefas intensivas com Task.Run() ou BackgroundWorker, mantendo a interface responsiva.

Erro: Exceções não tratadas em eventos.
Solução: Envolva a lógica de eventos em blocos try-catch para capturar erros e exibir mensagens amigáveis.

Erro: Falha ao acessar controles de outro thread.
Solução: Utilize Invoke() ou BeginInvoke() para atualizar elementos da interface a partir de threads secundárias.

Boas Práticas

- Separe lógica de negócios da interface, mantendo formulários apenas para interação do usuário.

- Valide todas as entradas antes de processar dados.

- Utilize contêineres de layout para ajustar automaticamente a interface a diferentes resoluções.

Resumo Estratégico

Windows Forms oferece uma base sólida para criação de interfaces desktop em C#. O modelo de eventos simplifica a interação entre usuário e sistema, enquanto a integração com lógica de negócios permite automação e processamento direto. O uso de threads assíncronas, tratamento de exceções e design responsivo assegura desempenho estável, manutenção simples e experiência fluida em aplicações corporativas.

CAPÍTULO 15.
DESENVOLVIMENTO
WEB COM ASP.NET

O ASP.NET é uma das principais tecnologias da Microsoft para o desenvolvimento de aplicações web modernas. Ele oferece suporte a diferentes paradigmas, como o MVC (Model-View-Controller), que facilita a construção de aplicações modulares e escaláveis. Além disso, o ASP.NET permite a criação de APIs RESTful robustas, integrando-se perfeitamente ao ecossistema .NET. Neste módulo iremos explorar os fundamentos do ASP.NET, a construção de aplicações web básicas e a implementação de APIs RESTful utilizando C#.

Fundamentos do ASP.NET e MVC

O ASP.NET é uma plataforma de desenvolvimento que permite criar aplicações web dinâmicas. Ele suporta tanto a abordagem baseada em páginas (Web Forms) quanto a arquitetura baseada em MVC, que é amplamente utilizada em projetos modernos.

Componentes Principais do ASP.NET MVC

O padrão MVC divide a aplicação em três componentes principais:

1. **Model**: Representa a lógica de dados da aplicação. Geralmente, está associado a uma base de dados e contém classes que representam os dados e suas operações.
2. **View**: Responsável pela interface do usuário, exibindo informações aos usuários e coletando entradas.

3. **Controller**: Gerencia a interação entre o usuário, o modelo e as visualizações. Ele processa entradas do usuário, atualiza o modelo e seleciona a visualização apropriada.

Ciclo de Vida de uma Requisição ASP.NET MVC

Quando uma requisição chega a uma aplicação ASP.NET MVC, o fluxo é dividido em várias etapas:

1. **Roteamento**: Determina qual controlador e ação devem ser executados com base na URL.
2. **Controlador**: Processa a lógica de negócios e coleta dados do modelo.
3. **Visualização**: Renderiza os dados e os exibe ao usuário.

Configuração do Projeto

No Visual Studio, crie um novo projeto ASP.NET Core MVC:

1. Vá em **Arquivo > Novo > Projeto**.
2. Selecione **Aplicativo da Web ASP.NET Core (Modelo MVC)**.
3. Defina o nome e o local do projeto e clique em **Criar**.

O projeto gerado inclui uma estrutura básica com diretórios como Controllers, Models e Views, refletindo o padrão MVC.

Criação de Aplicações Web Básicas

Modelos

Os modelos representam dados e lógica de negócios. Eles são definidos como classes em Models.

csharp

```csharp
public class Product
{
    public int Id { get; set; }
    public string Name { get; set; }
```

```csharp
    public decimal Price { get; set; }
}
```

Controladores

Os controladores lidam com as requisições e retornam respostas. Um controlador básico pode ser criado em Controllers.

csharp

```csharp
using Microsoft.AspNetCore.Mvc;


public class ProductController : Controller
{
    public IActionResult Index()
    {
        var products = new List<Product>
        {
            new Product { Id = 1, Name = "Laptop", Price = 1500 },
            new Product { Id = 2, Name = "Smartphone", Price = 800 }
        };


        return View(products);
    }
}
```

O método Index retorna uma lista de produtos que será exibida na visualização correspondente.

Visualizações

As visualizações são criadas em Views. No exemplo acima, uma visualização para o método Index deve ser criada em Views/Product/Index.cshtml.

html

```
@model IEnumerable<Product>


<h2>Product List</h2>
<table>
    <thead>
        <tr>
            <th>Id</th>
            <th>Name</th>
            <th>Price</th>
        </tr>
    </thead>
    <tbody>
        @foreach (var product in Model)
        {
            <tr>
                <td>@product.Id</td>
                <td>@product.Name</td>
                <td>@product.Price</td>
            </tr>
        }
    </tbody>
```

```
</table>
```

O @model especifica o tipo de dados que a visualização recebe, enquanto o código Razor exibe os produtos em uma tabela.

Roteamento

O roteamento é configurado no arquivo Program.cs. A rota padrão associa URLs a controladores e ações.

csharp

```
app.MapControllerRoute(
    name: "default",
    pattern: "{controller=Home}/{action=Index}/{id?}");
```

A rota padrão aponta para o controlador Home e a ação Index.

Implementação de APIs RESTful com C#

Estrutura Básica de uma API

Uma API RESTful permite que diferentes sistemas interajam através de requisições HTTP. O ASP.NET simplifica a criação de APIs com o uso de controladores específicos.

1. Crie um controlador na pasta Controllers:

csharp

```
using Microsoft.AspNetCore.Mvc;


[ApiController]
[Route("api/[controller]")]
public class ProductsController : ControllerBase
{
```

```csharp
private static readonly List<Product> Products = new
List<Product>
{
    new Product { Id = 1, Name = "Laptop", Price = 1500 },
    new Product { Id = 2, Name = "Smartphone", Price = 800 }
};


[HttpGet]
public IActionResult GetAll()
{
    return Ok(Products);
}


[HttpGet("{id}")]
public IActionResult GetById(int id)
{
    var product = Products.FirstOrDefault(p => p.Id == id);
    if (product == null) return NotFound();

    return Ok(product);
}


[HttpPost]
public IActionResult Create(Product product)
{
```

```
Products.Add(product);

    return CreatedAtAction(nameof(GetById), new { id =
product.Id }, product);

    }


[HttpDelete("{id}")]

public IActionResult Delete(int id)

{

    var product = Products.FirstOrDefault(p => p.Id == id);

    if (product == null) return NotFound();


    Products.Remove(product);

    return NoContent();

    }

}
```

Testando a API

Use ferramentas como Postman ou o Swagger, integrado ao ASP.NET, para testar os endpoints.

    1. No arquivo Program.cs, adicione o suporte ao Swagger:

csharp

```
app.UseSwagger();
app.UseSwaggerUI();
```

    2. Inicie a aplicação e acesse /swagger no navegador para

explorar os endpoints.

Validação de Dados

Adicione validações aos modelos para garantir que os dados enviados atendam a critérios específicos.

csharp

```csharp
using System.ComponentModel.DataAnnotations;


public class Product
{
    public int Id { get; set; }

    [Required]
    [StringLength(50)]
    public string Name { get; set; }

    [Range(0, 10000)]
    public decimal Price { get; set; }
}
```

No controlador, valide o modelo antes de processar a requisição:

csharp

```csharp
[HttpPost]
public IActionResult Create([FromBody] Product product)
{
    if (!ModelState.IsValid) return BadRequest(ModelState);
```

```
Products.Add(product);
```

```
return CreatedAtAction(nameof(GetById), new { id =
product.Id }, product);
```

```
}
```

Conexão com Bancos de Dados

Configurando o Entity Framework Core

Adicione suporte ao Entity Framework para manipular bancos de dados:

1. **Configure o contexto no arquivo** Program.cs:

csharp

```
builder.Services.AddDbContext<ApplicationDbContext>(optio
ns =>
```

```
    options.UseSqlServer("your_connection_string"));
```

2. **Crie o contexto e as entidades:**

csharp

```
using Microsoft.EntityFrameworkCore;
```

```
public class ApplicationDbContext : DbContext
```

```
{
```

```
    public DbSet<Product> Products { get; set; }
```

```
    public
```

```
ApplicationDbContext(DbContextOptions<ApplicationDbConte
xt> options) : base(options) { }
}
```

3. **Execute migrações para criar a tabela no banco:**

bash

```
dotnet ef migrations add InitialCreate
dotnet ef database update
```

Consultando Dados

Atualize o controlador para interagir com o banco:

csharp

```csharp
private readonly ApplicationDbContext _context;

public ProductsController(ApplicationDbContext context)
{
    _context = context;
}

[HttpGet]
public IActionResult GetAll()
{
    return Ok(_context.Products.ToList());
}
```

Resolução de Erros Comuns

Erro: Rota não encontrada ao acessar um controlador.
Solução: Verifique o padrão de rota definido em Program.cs e confirme se o nome do controlador e da ação coincidem com o mapeamento.

Erro: Modelo inválido em requisições POST.
Solução: Inclua [ApiController] e valide ModelState antes de processar os dados recebidos.

Erro: Falha de conexão com banco de dados.
Solução: Confirme a connection string e execute as migrações do Entity Framework para criar as tabelas necessárias.

Boas Práticas

- Separe controladores, modelos e visualizações em camadas distintas para manter o padrão MVC.

- Utilize atributos de validação em modelos para evitar inconsistências de dados.

- Habilite o Swagger em ambiente de desenvolvimento para documentar e testar endpoints de forma rápida.

Resumo Estratégico

ASP.NET fornece uma base completa para desenvolvimento web em C#, unindo arquitetura modular, controle de rotas e integração direta com bancos de dados. O padrão MVC organiza o código em camadas independentes e facilita manutenção, enquanto o suporte nativo a APIs RESTful viabiliza comunicação entre sistemas de forma padronizada. A estrutura descrita, combina desempenho, segurança e escalabilidade, permitindo construir soluções web consistentes e de fácil evolução.

CAPÍTULO 16. INTEGRAÇÃO COM BANCOS DE DADOS

A integração com bancos de dados é um dos pilares do desenvolvimento de aplicações modernas. Bancos de dados armazenam informações estruturadas e fornecem meios eficientes para consultá-las e manipulá-las. Abordaremos neste momento como conectar aplicações C# a bancos de dados, realizar operações CRUD (Create, Read, Update, Delete) e utilizar o Entity Framework (EF), um ORM (Object-Relational Mapping) amplamente usado para simplificar o acesso a dados.

Conexão com SQL Server e Outros Bancos de Dados

Configurando a Conexão com SQL Server

Para conectar uma aplicação C# ao SQL Server, utilize a classe SqlConnection disponível no namespace System.Data.SqlClient. O primeiro passo é definir a string de conexão, que contém informações como o nome do servidor, banco de dados, credenciais e outras configurações.

csharp

```
string connectionString =
"Server=localhost;Database=MyDatabase;User
Id=myUser;Password=myPassword;";

using (SqlConnection connection = new
SqlConnection(connectionString))
{
    try
```

```
    {
        connection.Open();
        Console.WriteLine("Connection successful!");
    }
    catch (Exception ex)
    {
        Console.WriteLine($"Error: {ex.Message}");
    }
}
```

A string de conexão deve ser personalizada com base no ambiente de execução. Para evitar que credenciais sejam expostas no código-fonte, utilize variáveis de ambiente ou um arquivo de configuração.

Conexão com Outros Bancos de Dados

Além do SQL Server, o C# suporta integração com bancos como MySQL, PostgreSQL e SQLite. Para cada um desses bancos, você precisará de pacotes específicos, que podem ser instalados via NuGet:

- **MySQL**: Instale MySql.Data.
- **PostgreSQL**: Instale Npgsql.

- **SQLite**: Instale System.Data.SQLite.

A sintaxe para conexão varia ligeiramente, mas segue o mesmo princípio.

Exemplo com MySQL

csharp

```csharp
using MySql.Data.MySqlClient;


string connectionString =
"Server=localhost;Database=MyDatabase;User=myUser;Passwor
d=myPassword;";
using (MySqlConnection connection = new
MySqlConnection(connectionString))
{
    connection.Open();
    Console.WriteLine("Connected to MySQL!");
}
```

Exemplo com PostgreSQL

csharp

```csharp
using Npgsql;


string connectionString =
"Host=localhost;Database=MyDatabase;Username=myUser;Pas
sword=myPassword;";
using (NpgsqlConnection connection = new
NpgsqlConnection(connectionString))
{
    connection.Open();
    Console.WriteLine("Connected to PostgreSQL!");
}
```

Operações CRUD (Create, Read, Update, Delete)

As operações CRUD são o núcleo de qualquer aplicação que interage com bancos de dados. Elas permitem criar, ler, atualizar e excluir registros.

CREATE: Inserindo Dados

Use a classe SqlCommand para executar instruções SQL.

csharp

```
string insertQuery = "INSERT INTO Products (Name, Price)
VALUES (@Name, @Price)";


using (SqlCommand command = new
SqlCommand(insertQuery, connection))
{
    command.Parameters.AddWithValue("@Name", "Laptop");
    command.Parameters.AddWithValue("@Price", 1500);

    int rowsAffected = command.ExecuteNonQuery();
    Console.WriteLine($"{rowsAffected} row(s) inserted.");
}
```

READ: Consultando Dados

Use o método ExecuteReader para recuperar dados.

csharp

```
string selectQuery = "SELECT Id, Name, Price FROM Products";
```

```csharp
using (SqlCommand command = new
SqlCommand(selectQuery, connection))
using (SqlDataReader reader = command.ExecuteReader())
{
    while (reader.Read())
    {
        Console.WriteLine($"Id: {reader["Id"]}, Name:
{reader["Name"]}, Price: {reader["Price"]}");
    }
}
```

UPDATE: Atualizando Dados

O método ExecuteNonQuery também é usado para atualizar registros.

csharp

```csharp
string updateQuery = "UPDATE Products SET Price = @Price
WHERE Name = @Name";


using (SqlCommand command = new
SqlCommand(updateQuery, connection))
{
    command.Parameters.AddWithValue("@Name", "Laptop");
    command.Parameters.AddWithValue("@Price", 1700);


    int rowsAffected = command.ExecuteNonQuery();
```

```
Console.WriteLine($"{rowsAffected} row(s) updated.");
}
```

DELETE: Excluindo Dados

A exclusão de registros também segue o mesmo padrão.

csharp

```
string deleteQuery = "DELETE FROM Products WHERE Name =
@Name";

using (SqlCommand command = new
SqlCommand(deleteQuery, connection))
{
    command.Parameters.AddWithValue("@Name", "Laptop");

    int rowsAffected = command.ExecuteNonQuery();
    Console.WriteLine($"{rowsAffected} row(s) deleted.");
}
```

Uso de ORM com Entity Framework

O Entity Framework simplifica a interação com bancos de dados, permitindo que os desenvolvedores trabalhem diretamente com objetos C# em vez de escrever consultas SQL.

Configuração do Entity Framework

1. Instale o pacote NuGet Microsoft.EntityFrameworkCore e o provedor correspondente ao banco de dados (por exemplo, Microsoft.EntityFrameworkCore.SqlServer).

2. Configure o contexto e as entidades.

csharp

```csharp
using Microsoft.EntityFrameworkCore;

public class ApplicationDbContext : DbContext
{
    public DbSet<Product> Products { get; set; }

    protected override void
OnConfiguring(DbContextOptionsBuilder options)
    {
        options.UseSqlServer("Server=localhost;Database=MyDat
abase;User Id=myUser;Password=myPassword;");
    }
}

public class Product
{
    public int Id { get; set; }
    public string Name { get; set; }
    public decimal Price { get; set; }
}
```

Executando Migrações

Antes de usar o EF, crie a estrutura do banco de dados com

migrações:

bash

```bash
dotnet ef migrations add InitialCreate
dotnet ef database update
```

Realizando Operações CRUD com EF
Inserção

csharp

```csharp
using (var context = new ApplicationDbContext())
{
    var product = new Product { Name = "Smartphone", Price = 800 };
    context.Products.Add(product);
    context.SaveChanges();
    Console.WriteLine("Product added.");
}
```

Consulta

csharp

```csharp
using (var context = new ApplicationDbContext())
{
    var products = context.Products.ToList();
    products.ForEach(p => Console.WriteLine($"{p.Name}: {p.Price}"));
}
```

Atualização

csharp

```csharp
using (var context = new ApplicationDbContext())
{
    var product = context.Products.FirstOrDefault(p => p.Name == "Smartphone");
    if (product != null)
    {
        product.Price = 850;
        context.SaveChanges();
        Console.WriteLine("Product updated.");
    }
}
```

Exclusão

csharp

```csharp
using (var context = new ApplicationDbContext())
{
    var product = context.Products.FirstOrDefault(p => p.Name == "Smartphone");
    if (product != null)
    {
        context.Products.Remove(product);
        context.SaveChanges();
        Console.WriteLine("Product deleted.");
```

```
    }
}
```

Consultas Avançadas

O EF suporta consultas avançadas, incluindo filtragem, ordenação e projeções.

csharp

```csharp
using (var context = new ApplicationDbContext())
{
    var filteredProducts = context.Products
        .Where(p => p.Price > 500)
        .OrderBy(p => p.Price)
        .Select(p => new { p.Name, p.Price });


    filteredProducts.ToList().ForEach(p =>
Console.WriteLine($"{p.Name}: {p.Price}"));
}
```

Práticas Recomendadas na Integração com Bancos de Dados
Usar Transações

Use transações para garantir a consistência dos dados.

csharp

```csharp
using (var transaction = connection.BeginTransaction())
{
    try
```

```
{
    // Execute comandos dentro da transação
    transaction.Commit();
}
catch
{

    transaction.Rollback();
}
}
```

Evitar Injeção de SQL

Sempre utilize parâmetros em vez de concatenar strings para evitar ataques de injeção de SQL.

Monitorar Desempenho

Use ferramentas como o **SQL Profiler** para identificar consultas lentas e otimizá-las.

Separação de Camadas

Mantenha a lógica de dados separada da lógica de negócios para facilitar a manutenção e a escalabilidade.

Resolução de Erros Comuns

Erro: Falha na conexão com o banco de dados.
Solução: Verifique a connection string, permissões de acesso e disponibilidade do servidor.

Erro: Exceção por consulta SQL incorreta.
Solução: Valide a sintaxe das instruções SQL e utilize parâmetros (AddWithValue) para evitar erros e injeções de código.

Erro: Entidades não mapeadas no Entity Framework.

Solução: Confirme se o DbSet foi declarado no contexto e se as migrações foram aplicadas corretamente.

Boas Práticas

- Utilize parâmetros em todas as consultas para impedir ataques de injeção de SQL.

- Aplique transações (BeginTransaction) em operações que envolvam múltiplas alterações.

- Separe a lógica de dados do restante da aplicação, adotando repositórios e camadas de serviço.

Resumo Estratégico

A integração com bancos de dados em C# combina acesso direto via SqlClient com a abstração do Entity Framework para simplificar consultas e operações CRUD. A utilização de ORM reduz código repetitivo, melhora a legibilidade e assegura integridade dos dados. Aplicar transações, validações e camadas bem definidas resulta em sistemas estáveis, seguros e preparados para escalabilidade em ambientes corporativos.

CAPÍTULO 17. APLICAÇÕES EM JOGOS COM UNITY

O Unity é uma das ferramentas mais populares para desenvolvimento de jogos, e o C# é a linguagem principal utilizada para criar scripts e interações no Unity. Nesta fase, abordaremos os fundamentos do desenvolvimento de jogos usando C#, a integração com componentes básicos da Unity e a criação de um jogo 2D simples. Essa introdução fornece o conhecimento necessário para criar projetos interativos e dinâmicos.

Introdução ao Desenvolvimento de Jogos em C#

Por que Unity e C#?

O Unity oferece um ambiente integrado para criação de jogos em 2D e 3D, aplicativos interativos e até experiências em realidade virtual. O uso do C# no Unity é preferido por sua simplicidade, robustez e integração direta com o motor da Unity.

Benefícios do Unity:

- Interface gráfica amigável para artistas e programadores.

- Suporte multiplataforma (Windows, Android, iOS, etc.).

- Extensível, permitindo o uso de plugins e scripts personalizados.

Estrutura de um Projeto Unity

Ao criar um novo projeto no Unity, você trabalha com uma estrutura de arquivos e pastas pré-definida:

- **Assets**: Onde os arquivos principais do projeto, como scripts, imagens e modelos 3D, são armazenados.

- **Scenes**: Contêm o layout do jogo, incluindo posicionamento de objetos e configurações específicas.

- **Scripts**: Pastas que armazenam os códigos em C#.

Uma cena é composta de GameObjects, que podem conter componentes como transformações, renderizadores e scripts personalizados.

Componentes Básicos da Unity e Scripts em C#

GameObjects e Componentes

Os **GameObjects** são os blocos fundamentais no Unity. Eles representam objetos no jogo, como jogadores, inimigos e plataformas. Cada GameObject pode conter múltiplos **Componentes**, que definem seu comportamento e aparência.

Exemplo:

- Um GameObject "Player" pode ter:
  - **Sprite Renderer**: Define a aparência visual.
  - **Box Collider 2D**: Permite detecção de colisão.
  - **Rigidbody 2D**: Adiciona física ao objeto.
  - **Script Personalizado**: Define comportamentos únicos.

Criando Scripts em C#

Scripts adicionam lógica aos GameObjects. Para criar um script:

1. Clique com o botão direito na pasta **Assets**.
2. Escolha **Create > C# Script** e dê um nome ao script.

3. Adicione o script a um GameObject arrastando-o para o objeto na Hierarquia.

Um script básico:

csharp

```csharp
using UnityEngine;

public class PlayerController : MonoBehaviour
{
    public float speed = 5.0f;

    void Update()
    {
        float moveHorizontal = Input.GetAxis("Horizontal");
        float moveVertical = Input.GetAxis("Vertical");

        Vector3 movement = new Vector3(moveHorizontal, moveVertical, 0.0f);
        transform.Translate(movement * speed * Time.deltaTime);
    }
}
```

Neste script:

- Update é chamado uma vez por quadro e é usado para capturar inputs do jogador.

- transform.Translate move o objeto com base nos inputs.

Eventos no Unity

O Unity possui métodos predefinidos para responder a eventos no jogo:

- Start: Chamado quando o script é ativado.

- Update: Chamado a cada quadro.

- OnCollisionEnter2D: Executado quando um objeto colide com outro.

Exemplo de colisão:

csharp

```csharp
void OnCollisionEnter2D(Collision2D collision)
{
    if (collision.gameObject.tag == "Enemy")
    {
        Debug.Log("Player hit an enemy!");
    }
}
```

Neste código, a colisão é detectada e verificada com base na tag do objeto.

Criação de um Jogo 2D Simples

Configuração do Ambiente

1. Abra o Unity e crie um novo projeto em 2D.
2. No painel **Hierarchy**, crie os seguintes GameObjects:

- o   **Player**: Adicione um Sprite Renderer com uma imagem do personagem e um Box Collider 2D.
- o   **Ground**: Crie uma plataforma com um Box Collider 2D.
- o   **Enemy**: Adicione uma imagem para o inimigo e um Rigidbody 2D.

Movimento do Jogador

Adicione um script PlayerController ao GameObject Player.

csharp

```csharp
using UnityEngine;

public class PlayerController : MonoBehaviour
{
    public float moveSpeed = 5f;
    private Rigidbody2D rb;

    void Start()
    {
        rb = GetComponent<Rigidbody2D>();
    }

    void Update()
    {
        float horizontal = Input.GetAxis("Horizontal");
        rb.velocity = new Vector2(horizontal * moveSpeed,
rb.velocity.y);
```

```
        }
    }
```

O script acima utiliza um Rigidbody2D para mover o jogador horizontalmente.

Adicionando Colisão

Crie um script para lidar com colisões do jogador com o inimigo.

csharp

```
public class EnemyCollision : MonoBehaviour
{
    void OnCollisionEnter2D(Collision2D collision)
    {
        if (collision.gameObject.CompareTag("Player"))
        {
            Debug.Log("Game Over!");
        }
    }
}
```

Certifique-se de que o GameObject Player tenha a tag "Player" atribuída.

Pontuação no Jogo

Adicione um sistema de pontuação. Crie um GameObject vazio chamado "GameManager" e associe o script:

csharp

```
using UnityEngine;
```

```csharp
public class GameManager : MonoBehaviour
{
    private int score = 0;

    public void AddScore(int points)
    {
        score += points;
        Debug.Log($"Score: {score}");
    }
}
```

Para incrementar a pontuação, adicione o script ao inimigo:

csharp

```csharp
public class EnemyController : MonoBehaviour
{
    private GameManager gameManager;

    void Start()
    {
        gameManager = FindObjectOfType<GameManager>();
    }

    void OnDestroy()
    {
```

```
    gameManager.AddScore(10);
  }
}
```

Destrua o inimigo ao colidir com o jogador ou outro objeto.

Melhorias Visuais e Feedback

1. **Adicionar Animações**:
   - Use o **Animation** para criar animações de movimento ou eventos, como o inimigo explodindo ao ser destruído.
2. **Efeitos Sonoros**:
   - Adicione clipes de áudio ao projeto e toque sons em eventos específicos.

csharp

```csharp
public class SoundController : MonoBehaviour
{
    public AudioClip hitSound;
    private AudioSource audioSource;

    void Start()
    {
        audioSource = GetComponent<AudioSource>();
    }

    void PlaySound()
    {
```

```
audioSource.PlayOneShot(hitSound);
    }
}
```

Finalizando o Jogo

Adicione uma funcionalidade de finalização:

csharp

```csharp
public class GameOverManager : MonoBehaviour
{
    public void GameOver()
    {
        Debug.Log("Game Over. Restarting...");
        UnityEngine.SceneManagement.SceneManager.LoadScene("MainScene");
    }
}
```

Ao colidir com o inimigo, chame o método GameOver.

Resolução de Erros Comuns

Erro: O jogador não se move ao pressionar as teclas.
Solução: Verifique se o componente Rigidbody2D está anexado e se o eixo "Horizontal" está configurado em *Input Manager*.

Erro: Colisões não detectadas.
Solução: Certifique-se de que ambos os objetos possuem *colliders*

compatíveis e que ao menos um deles contém um Rigidbody2D.

Erro: Pontuação não atualiza.

Solução: Confirme se o método AddScore() está sendo chamado e se o GameManager foi corretamente instanciado na cena.

Boas Práticas

- Organize pastas de *Assets* em categorias (Scripts, Sprites, Audio, Scenes).

- Crie *Prefabs* para reutilizar inimigos, plataformas e outros objetos repetitivos.

- Use o FixedUpdate() para lógica de física e o Update() apenas para captura de entrada.

- Aplique *tags* e *layers* para facilitar detecção e filtragem de colisões.

Resumo Estratégico

O Unity, aliado ao C#, oferece uma base sólida para criar jogos interativos em 2D e 3D. A combinação de GameObjects, componentes e scripts permite controlar física, eventos e lógica de forma integrada. Com práticas organizadas, uso de prefabs, animações e sistemas de pontuação, é possível desenvolver jogos funcionais e otimizados, transformando conceitos básicos em experiências completas e envolventes para os jogadores.

CAPÍTULO 18. SEGURANÇA E BOAS PRÁTICAS

A segurança é um pilar fundamental no desenvolvimento de qualquer aplicação. Em um mundo cada vez mais conectado, proteger sistemas contra vulnerabilidades e ataques é essencial para manter a integridade dos dados e a confiança dos usuários. Abordaremos neste módulo validação de entrada de dados, prevenção de vulnerabilidades comuns e a implementação de padrões de segurança em aplicações C#.

Validação de Entrada de Dados

A validação de entrada de dados é a primeira linha de defesa contra ataques e erros. Garantir que apenas dados válidos e esperados sejam processados evita falhas e protege a aplicação de ameaças como injeção de SQL e XSS (Cross-Site Scripting).

Princípios Fundamentais

1. **Nunca confie em dados do usuário**: Sempre trate entradas como não confiáveis, mesmo vindas de fontes aparentemente seguras.
2. **Valide tanto no cliente quanto no servidor**: A validação no cliente melhora a experiência do usuário, enquanto a validação no servidor é indispensável para a segurança.
3. **Especifique regras claras**: Use expressões regulares ou bibliotecas de validação para definir os formatos e valores permitidos.

Implementação em C#

Validação com Expressões Regulares

Expressões regulares são poderosas para validar formatos específicos, como emails, números de telefone ou códigos postais.

csharp

```
using System.Text.RegularExpressions;


public bool IsValidEmail(string email)
{
    string pattern = @"^[^@\s]+@[^@\s]+\.[^@\s]+$";
    return Regex.IsMatch(email, pattern);
}
```

Validação de Tipos

Utilize métodos nativos do C# para verificar se a entrada corresponde ao tipo esperado.

csharp

```
public bool IsNumeric(string input)
{
    return int.TryParse(input, out _);
}
```

Uso de Bibliotecas de Validação

Bibliotecas como FluentValidation simplificam a validação de objetos complexos.

csharp

```csharp
using FluentValidation;

public class User
{
    public string Name { get; set; }
    public string Email { get; set; }
}

public class UserValidator : AbstractValidator<User>
{
    public UserValidator()
    {
        RuleFor(user =>
user.Name).NotEmpty().WithMessage("Name is required.");
        RuleFor(user =>
user.Email).EmailAddress().WithMessage("Invalid email
address.");
    }
}
```

Prevenção de Vulnerabilidades Comuns

Injeção de SQL

A injeção de SQL ocorre quando um invasor insere comandos SQL maliciosos em campos de entrada. Para prevenir, use consultas parametrizadas.

csharp

```csharp
using System.Data.SqlClient;


string query = "SELECT * FROM Users WHERE Username =
@Username AND Password = @Password";


using (SqlConnection connection = new
SqlConnection("your_connection_string"))
{
    SqlCommand command = new SqlCommand(query,
connection);
    command.Parameters.AddWithValue("@Username",
username);
    command.Parameters.AddWithValue("@Password",
password);


    connection.Open();
    SqlDataReader reader = command.ExecuteReader();
}
```

Cross-Site Scripting (XSS)

O XSS ocorre quando entradas maliciosas são exibidas sem a devida sanitização. Use codificação para neutralizar scripts maliciosos.

csharp

```csharp
using System.Web;


public string SanitizeInput(string input)
```

```
{
    return HttpUtility.HtmlEncode(input);
}
```

Manipulação de Autenticação e Sessões

Evite armazenar informações sensíveis, como senhas, em texto plano. Utilize hashing seguro com sal (salt).

csharp

```csharp
using System.Security.Cryptography;
using System.Text;

public string HashPassword(string password, string salt)
{
    using (var sha256 = SHA256.Create())
    {
        var combined = Encoding.UTF8.GetBytes(password + salt);
        return
Convert.ToBase64String(sha256.ComputeHash(combined));
    }
}
```

Exposição de Dados Sensíveis

Nunca exiba informações sensíveis em mensagens de erro. Configure tratamentos personalizados para exibir mensagens genéricas.

csharp

```
try
{
    // Código que pode lançar exceções
}
catch (Exception)
{
    Console.WriteLine("An error occurred. Please contact support.");
}
```

Prevenção de Ataques de Força Bruta

Implemente um limite de tentativas de login para prevenir ataques de força bruta.

csharp

```
private static Dictionary<string, int> loginAttempts = new Dictionary<string, int>();


public bool IsAccountLocked(string username)
{
    return loginAttempts.ContainsKey(username) &&
loginAttempts[username] >= 5;
}


public void RegisterFailedAttempt(string username)
```

```csharp
{
    if (!loginAttempts.ContainsKey(username))
    {
        loginAttempts[username] = 0;
    }
    loginAttempts[username]++;
}
```

Padrões de Segurança em Aplicações C#

Uso de HTTPS

Sempre use HTTPS para criptografar a comunicação entre o cliente e o servidor. No ASP.NET Core, configure o redirecionamento para HTTPS no arquivo Program.cs.

csharp

```csharp
app.UseHttpsRedirection();
```

Implementação de Autenticação

Utilize bibliotecas como ASP.NET Identity para gerenciar autenticação e autorização.

1. Configure o serviço no Program.cs:

csharp

```csharp
builder.Services.AddIdentity<IdentityUser, IdentityRole>()
    .AddEntityFrameworkStores<ApplicationDbContext>()
    .AddDefaultTokenProviders();
```

2. Adicione autenticação aos controladores:

csharp

```
[Authorize]
public IActionResult SecurePage()
{
    return View();
}
```

Proteção Contra CSRF

Tokens CSRF (Cross-Site Request Forgery) garantem que somente requisições válidas sejam processadas.

csharp

```
services.AddControllersWithViews(options =>
{
    options.Filters.Add(new
AutoValidateAntiforgeryTokenAttribute());
});
```

Inclua o token no HTML gerado pelo servidor:

html

```
<form method="post" asp-antiforgery="true">
    <input type="hidden" name="__RequestVerificationToken"
value="@Antiforgery.GetTokens().RequestToken" />
```

```
</form>
```

Gerenciamento de Logs

Registre todas as atividades importantes, incluindo falhas de autenticação e acessos não autorizados. Utilize bibliotecas como Serilog.

csharp

```csharp
Log.Logger = new LoggerConfiguration()
    .WriteTo.Console()
    .WriteTo.File("logs.txt")
    .CreateLogger();


Log.Information("Application started.");
Log.Warning("Unauthorized access attempt.");
```

Monitoramento de Erros

Implemente sistemas para capturar e monitorar erros em tempo real, como Application Insights ou Sentry.

csharp

```csharp
app.UseExceptionHandler("/Home/Error");
app.UseStatusCodePagesWithReExecute("/Error/{0}");
```

Atualização Regular

Mantenha bibliotecas e dependências atualizadas para evitar vulnerabilidades conhecidas. Utilize ferramentas como Dependabot para automação.

Integração de Ferramentas de Segurança

Análise de Código

Utilize ferramentas de análise de código estático, como SonarQube, para identificar vulnerabilidades.

Testes de Penetração

Realize testes de penetração regularmente para identificar pontos fracos antes que eles sejam explorados.

Segurança na Cadeia de Suprimentos

Verifique a origem e segurança das dependências utilizadas no projeto. Utilize gerenciadores de pacotes confiáveis, como NuGet.

Práticas Essenciais de Segurança

- **Princípio do Menor Privilégio**: Conceda apenas as permissões necessárias para cada recurso.
- **Sanitização de Dados**: Sempre limpe e valide entradas do usuário antes de processá-las.

- **Criptografia de Dados**: Criptografe dados sensíveis em repouso e em trânsito.

- **Treinamento de Equipe**: Garanta que todos os desenvolvedores compreendam os princípios básicos de segurança.

Resolução de Erros Comuns

Erro: Injeção de SQL em campos de login.
Solução: Substitua consultas concatenadas por consultas parametrizadas com SqlCommand.Parameters.AddWithValue().

Erro: Sessões expirando incorretamente.

Solução: Configure políticas de autenticação no ASP.NET Identity e valide tokens de forma consistente.

Erro: Dados sensíveis exibidos em mensagens de erro.
Solução: Use mensagens genéricas e registre os detalhes em logs seguros com ferramentas como Serilog.

Boas Práticas

- Valide todas as entradas no servidor, mesmo quando houver validação no cliente.

- Utilize HTTPS e tokens CSRF para proteger comunicações e requisições.

- Armazene senhas com hash e salt, evitando qualquer tipo de texto puro.

- Registre eventos de segurança, como falhas de login, para auditoria e detecção de anomalias.

Resumo Estratégico

A segurança em C# requer uma abordagem proativa e sistemática. Validação rigorosa de dados, uso de consultas parametrizadas, autenticação segura e proteção contra ataques como XSS, CSRF e força bruta são práticas indispensáveis. O uso de HTTPS, logging estruturado e atualização contínua de dependências fortalecem a defesa contra ameaças. Aplicando essas diretrizes, desenvolvedores garantem que o código seja não apenas funcional, mas também resiliente e confiável em ambientes corporativos e na web.

CAPÍTULO 19. TESTES E DEPURAÇÃO DE CÓDIGO

A qualidade de uma aplicação depende não apenas de sua funcionalidade, mas também de sua confiabilidade. Testes e depuração são elementos cruciais para garantir que o código funcione como esperado e para identificar e corrigir problemas. Compreenderemos neste momento técnicas de depuração no Visual Studio, criação de testes unitários com NUnit e o uso de ferramentas de automação de testes.

Técnicas de Depuração no Visual Studio

O Visual Studio é uma das ferramentas mais avançadas para desenvolvimento e depuração de código. Ele oferece uma ampla gama de recursos que ajudam os desenvolvedores a identificar problemas e compreender o comportamento do código.

Uso de Breakpoints

Os breakpoints interrompem a execução do programa em pontos específicos, permitindo examinar variáveis, o fluxo de execução e os valores.

1. Clique na margem esquerda do editor ao lado da linha de código onde deseja pausar a execução.
2. Execute o programa em modo de depuração pressionando F5.
3. Quando o breakpoint for atingido, a execução será pausada, e você poderá inspecionar o estado do programa.

Tipos de Breakpoints

- **Simples**: Pausa na linha especificada.

- **Condicional**: Pausa apenas quando uma condição é verdadeira.

csharp

```
int counter = 0;
for (int i = 0; i < 10; i++)
{
    counter += i; // Adicione um breakpoint condicional aqui: i == 5
}
```

- **Hit Count**: Pausa após um número específico de iterações.

Inspeção de Variáveis

Use a janela **Locals** para visualizar todas as variáveis disponíveis no escopo atual. Para variáveis específicas, passe o mouse sobre o identificador ou adicione-as à janela **Watch**.

csharp

```
int result = Calculate(5, 10); // Inspecione os valores de entrada e o resultado durante a execução


public int Calculate(int a, int b)
{
    return a + b;
}
```

Depuração em Tempo Real

Durante a depuração, você pode alterar valores de variáveis para testar diferentes cenários sem reiniciar a aplicação.

csharp

```
int total = 100; // Durante a depuração, altere o valor para 200 e observe o impacto no fluxo
```

Rastreamento de Pilha

A janela **Call Stack** exibe a sequência de chamadas que levou ao ponto atual da execução, permitindo identificar a origem de erros.

Depuração Remota

O Visual Studio suporta depuração remota, permitindo analisar problemas em máquinas que não possuem o ambiente completo de desenvolvimento.

1. Configure o **Remote Debugging Tool** na máquina remota.
2. No Visual Studio, conecte-se ao processo remoto via **Attach to Process**.

Criação de Testes Unitários com NUnit

Os testes unitários verificam o comportamento de pequenas partes do código de forma isolada. NUnit é um dos frameworks mais populares para testes unitários em C#.

Configuração do Projeto

1. Instale o pacote NUnit e NUnit3TestAdapter via NuGet.

2. Crie um novo projeto de teste no Visual Studio e referencie o projeto principal.

Estrutura de um Teste Unitário

Um teste unitário em NUnit é identificado pelo atributo [Test]. O framework fornece diversos métodos auxiliares para validação, como Assert.

csharp

```csharp
using NUnit.Framework;


[TestFixture]
public class CalculatorTests
{
    [Test]
    public void Add_ShouldReturnSum_WhenInputsAreValid()
    {
        // Arrange
        var calculator = new Calculator();


        // Act
        int result = calculator.Add(2, 3);


        // Assert
        Assert.AreEqual(5, result);
    }
}
```

Neste exemplo:

- Arrange configura o cenário inicial.

- Act executa o método a ser testado.

- Assert verifica se o resultado está correto.

Casos de Teste com Parâmetros

Use o atributo [TestCase] para testar múltiplos cenários com diferentes entradas e saídas.

csharp

```csharp
[TestCase(2, 3, 5)]
[TestCase(-1, 1, 0)]
[TestCase(0, 0, 0)]
public void Add_ShouldReturnCorrectSum(int a, int b, int expected)
{
    var calculator = new Calculator();
    int result = calculator.Add(a, b);
    Assert.AreEqual(expected, result);
}
```

Testando Exceções

O método Assert.Throws valida se uma exceção esperada é lançada.

csharp

```
[Test]
public void
Divide_ShouldThrowException_WhenDividingByZero()
{
    var calculator = new Calculator();
    Assert.Throws<DivideByZeroException>(() =>
calculator.Divide(10, 0));
}
```

Categorias de Testes

Agrupe testes em categorias para facilitar a execução.

csharp

```
[Test, Category("Arithmetic")]
public void Multiply_ShouldReturnProduct()
{
    var calculator = new Calculator();
    int result = calculator.Multiply(3, 4);
    Assert.AreEqual(12, result);
}
```

Ferramentas de Automação de Testes

Automação de testes acelera o processo de validação em projetos grandes, garantindo que mudanças no código não quebrem funcionalidades existentes.

Testes de Integração

Os testes de integração verificam se diferentes partes do sistema funcionam juntas.

csharp

```
[TestFixture]
public class DatabaseTests
{
    private Database _db;

    [SetUp]
    public void Setup()
    {
        _db = new Database();
        _db.Connect("TestConnectionString");
    }

    [TearDown]
    public void Cleanup()
    {
        _db.Disconnect();
    }

    [Test]
    public void Query_ShouldReturnResults_WhenDataExists()
    {
        var results = _db.Query("SELECT * FROM Users");
        Assert.IsNotEmpty(results);
```

```
    }
}
```

Testes de Regressão

Os testes de regressão garantem que novas alterações no código não introduzam bugs em funcionalidades já existentes.

Execução Contínua com CI/CD

Ferramentas como Azure DevOps, GitHub Actions e Jenkins permitem integrar testes automatizados aos pipelines de CI/CD. Configure tarefas para executar os testes sempre que novas alterações forem enviadas ao repositório.

Relatórios de Cobertura de Código

A cobertura de código mede a proporção do código que foi executada durante os testes. Ferramentas como **Coverlet** podem ser usadas para gerar relatórios detalhados.

bash

```bash
dotnet test --collect:"XPlat Code Coverage"
```

Mocking

O Mocking simula dependências externas, como serviços ou bancos de dados, permitindo testar unidades isoladas.

csharp

```csharp
using Moq;


[Test]
public void SendEmail_ShouldCallEmailService()
{
```

```
var emailServiceMock = new Mock<IEmailService>();
var notification = new
Notification(emailServiceMock.Object);


notification.SendEmail("test@example.com", "Hello!");


emailServiceMock.Verify(service =>
service.Send(It.IsAny<string>(), It.IsAny<string>()),
Times.Once);
}
```

Práticas Essenciais em Testes e Depuração

- **Escreva testes antes de implementar funcionalidades**: Adote o desenvolvimento orientado a testes (TDD).

- **Priorize testes automatizados**: Eles são mais rápidos e confiáveis que testes manuais.

- **Invista em logs detalhados**: Facilite a identificação de problemas ao registrar informações importantes.

- **Teste em diferentes cenários**: Inclua casos de borda para garantir robustez.

- **Reproduza erros conhecidos**: Sempre crie um teste que reproduza o erro antes de corrigi-lo.

Resolução de Erros Comuns

Erro: O breakpoint não é atingido durante a execução.

Solução: Certifique-se de que o projeto está sendo executado no modo *Debug* e que o código compilado corresponde à versão atual do arquivo.

Erro: Testes NUnit não são detectados no Visual Studio.

Solução: Verifique se os pacotes NUnit e NUnit3TestAdapter estão instalados e o projeto configurado como *Test Project*.

Erro: Falha em testes interdependentes.

Solução: Use métodos [SetUp] e [TearDown] para garantir que cada teste seja executado em ambiente limpo e independente.

Boas Práticas

- Utilize breakpoints condicionais para reduzir tempo de depuração e focar em casos específicos.

- Escreva testes pequenos e isolados, evitando dependências externas diretas.

- Automatize a execução de testes em pipelines CI/CD para validar cada nova alteração de código.

- Monitore métricas de cobertura para garantir que áreas críticas sejam testadas.

Resumo Estratégico

Testes e depuração estruturados asseguram estabilidade e previsibilidade no desenvolvimento em C#. O uso de ferramentas como Visual Studio, NUnit e Moq permite identificar falhas rapidamente e validar funcionalidades de forma automatizada. Ao integrar essas técnicas em fluxos de CI/CD e manter cobertura de código consistente, desenvolvedores consolidam bases sólidas para entregas confiáveis, facilitando manutenção, evolução e escalabilidade de sistemas profissionais.

CAPÍTULO 20. OTIMIZAÇÃO E DESEMPENHO

O desempenho de uma aplicação é um dos fatores mais importantes na experiência do usuário. Um código otimizado garante uma execução rápida, uso eficiente de recursos e a escalabilidade necessária para lidar com cenários de alta demanda. Este capítulo aborda estratégias de otimização de código, técnicas de medição e melhoria de desempenho, e práticas para reduzir o uso de memória em aplicações C#.

Estratégias de Otimização de Código

Entendendo o Desempenho

O processo de otimização começa com a identificação de gargalos, que são partes do código ou arquitetura que impactam negativamente a eficiência. Antes de otimizar, é essencial medir o desempenho para evitar mudanças desnecessárias.

Escolha de Estruturas de Dados Adequadas

A seleção correta de estruturas de dados pode melhorar significativamente o desempenho. Escolha estruturas com base no uso esperado.

- Use **List<T>** para listas dinâmicas e acesso frequente por índice.

- Use **Dictionary<TKey, TValue>** para buscas rápidas por chave.

- Use **HashSet<T>** para evitar duplicatas com alta eficiência.

csharp

```csharp
Dictionary<string, int> wordCounts = new Dictionary<string, int>();
wordCounts["example"] = 1; // Inserção rápida
int count = wordCounts["example"]; // Busca eficiente
```

Reduzindo Complexidade Algorítmica

Otimize os algoritmos para reduzir a complexidade. Sempre prefira soluções lineares ($O(n)$) em vez de quadráticas ($O(n^2)$), quando possível.

csharp

```csharp
// Código com complexidade O(n^2)
for (int i = 0; i < list.Count; i++)
{
    for (int j = i + 1; j < list.Count; j++)
    {
        if (list[i] == list[j])
        {
            // Duplicata encontrada
        }
    }
}


// Solução otimizada com HashSet - O(n)
HashSet<int> seen = new HashSet<int>();
```

```csharp
foreach (var item in list)
{
    if (!seen.Add(item))
    {
        // Duplicata encontrada
    }
}
```

Paralelismo e Concurrency

Para aproveitar os processadores multicore, distribua tarefas que podem ser executadas simultaneamente.

csharp

```csharp
Parallel.For(0, 10, i =>
{
    Console.WriteLine($"Processing {i} on thread
{Thread.CurrentThread.ManagedThreadId}");
});
```

Use Task para operações assíncronas e Parallel.For para loops paralelos.

Cache de Resultados

Armazene os resultados de cálculos caros para reutilização.

csharp

```csharp
Dictionary<int, int> cache = new Dictionary<int, int>();

int Fibonacci(int n)
```

```csharp
{
    if (n <= 1) return n;

    if (cache.ContainsKey(n)) return cache[n];

    int result = Fibonacci(n - 1) + Fibonacci(n - 2);
    cache[n] = result;

    return result;
}
```

Evite Operações Desnecessárias

Minimize cálculos redundantes dentro de loops.

csharp

```csharp
// Ineficiente
for (int i = 0; i < list.Count; i++)
{
    if (list.Count > 0) // Avaliado a cada iteração
    {
        Console.WriteLine(list[i]);
    }
}

// Eficiente
int count = list.Count;
```

```
for (int i = 0; i < count; i++)
{
    Console.WriteLine(list[i]);
}
```

Medição e Melhoria de Desempenho

Ferramentas de Profiler

Ferramentas como o dotTrace, Visual Studio Profiler e PerfView ajudam a identificar gargalos. Elas fornecem métricas detalhadas, como o tempo gasto em métodos e o uso de memória.

Medição com Stopwatch

O Stopwatch é uma classe simples para medir o tempo de execução de métodos.

csharp

```
using System.Diagnostics;

Stopwatch stopwatch = Stopwatch.StartNew();

HeavyComputation();

stopwatch.Stop();
Console.WriteLine($"Execution Time: {stopwatch.ElapsedMilliseconds} ms");
```

Benchmarking

Use a biblioteca **BenchmarkDotNet** para medir o desempenho com precisão.

csharp

```csharp
using BenchmarkDotNet.Attributes;
using BenchmarkDotNet.Running;

public class MyBenchmark
{
    private List<int> numbers;

    [GlobalSetup]
    public void Setup()
    {
        numbers = Enumerable.Range(1, 10000).ToList();
    }

    [Benchmark]
    public void TestForLoop()
    {
        for (int i = 0; i < numbers.Count; i++)
        {
            int x = numbers[i];
        }
    }
}
```

```csharp
[Benchmark]
public void TestForeachLoop()
{
    foreach (var number in numbers)
    {
        int x = number;
    }
}
```

```csharp
BenchmarkRunner.Run<MyBenchmark>();
```

Testes de Carga

Use ferramentas como **Apache JMeter** ou **K6** para simular cenários de carga real e avaliar o comportamento da aplicação sob alta demanda.

Redução de Uso de Memória

Gerenciamento de Objetos

Crie objetos apenas quando necessário e reutilize instâncias sempre que possível.

csharp

```csharp
// Reutilizando StringBuilder para reduzir alocações
StringBuilder builder = new StringBuilder();
```

```csharp
for (int i = 0; i < 1000; i++)
{
    builder.Append(i.ToString());
}

string result = builder.ToString();
```

Evite Objetos Grandes no Heap

Objetos grandes são alocados no **Large Object Heap (LOH)**, o que pode causar fragmentação de memória. Use buffers menores para evitar o LOH.

csharp

```csharp
byte[] buffer = new byte[85000]; // Pode ir para o LOH
```

Gerenciamento de Recursos

Implemente a interface IDisposable para garantir a liberação de recursos não gerenciados.

csharp

```csharp
public class FileProcessor : IDisposable
{
    private FileStream fileStream;

    public FileProcessor(string filePath)
    {
```

```csharp
    fileStream = new FileStream(filePath, FileMode.Open);
}

public void Dispose()
{
    fileStream?.Dispose();
}
}
```

Evite Leaks de Memória

Referências mantidas em objetos estáticos podem impedir que o garbage collector libere memória.

csharp

```csharp
public class MemoryLeak
{
    private static List<string> staticList = new List<string>();

    public void AddToStaticList(string item)
    {
        staticList.Add(item); // Mantém a referência viva
    }
}
```

Uso de Structs

Em cenários de alto desempenho, prefira struct a class para

evitar alocações no heap.

csharp

```csharp
public struct Point
{
    public int X { get; set; }
    public int Y { get; set; }
}
```

Pooling de Objetos

Utilize pools de objetos para reduzir o custo de criação e destruição de instâncias.

csharp

```csharp
using System.Buffers;

ArrayPool<int> pool = ArrayPool<int>.Shared;

int[] rentedArray = pool.Rent(100);

// Realize operações no array...

pool.Return(rentedArray);
```

Resolução de Erros Comuns

Erro: O programa consome memória excessiva durante execuções prolongadas.
Solução: Verifique se há objetos mantidos em memória por

referências estáticas e implemente IDisposable para liberar recursos não gerenciados.

Erro: Baixo desempenho em loops aninhados.
Solução: Reduza a complexidade utilizando coleções como HashSet ou Dictionary e evite cálculos repetitivos dentro dos laços.

Erro: Execução lenta em operações paralelas.
Solução: Evite disputas de recursos compartilhados e use estruturas thread-safe como ConcurrentDictionary quando múltiplas threads acessarem os mesmos dados.

Boas Práticas

- Utilize o Stopwatch e ferramentas de profiling antes de aplicar otimizações.

- Prefira estruturas de dados adequadas ao tipo de operação (ex.: Dictionary para busca, List para iteração).

- Reutilize instâncias de objetos pesados e adote *object pooling* em cenários de alta frequência.

- Aplique o princípio de otimizar apenas o que for comprovadamente um gargalo.

Resumo Estratégico

A otimização em C# exige equilíbrio entre eficiência e clareza. Medir, analisar e atuar sobre gargalos específicos resulta em ganhos reais de desempenho sem comprometer a legibilidade. Com técnicas como uso racional de memória, paralelismo controlado e escolha apropriada de estruturas, é possível construir sistemas rápidos, estáveis e escaláveis, preparados para lidar com grandes volumes de dados e alta carga de execução.

CAPÍTULO 21. TRABALHANDO COM APIS EXTERNAS

APIs (Application Programming Interfaces) são a base da comunicação entre sistemas modernos, permitindo que aplicações interajam com serviços externos, bancos de dados, plataformas de terceiros e muito mais. Abordaremos neste momento a integração com APIs REST e SOAP, autenticação e autorização com OAuth e o consumo de serviços em tempo real.

Integração com APIs REST e SOAP

APIs REST

APIs REST (Representational State Transfer) são amplamente utilizadas devido à sua simplicidade e escalabilidade. Elas operam com base em requisições HTTP e utilizam verbos como GET, POST, PUT e DELETE para definir operações.

Consumindo uma API REST

No C#, a classe HttpClient é usada para enviar requisições HTTP e consumir APIs REST.

csharp

```csharp
using System.Net.Http;
using System.Threading.Tasks;


public async Task FetchDataFromApi()
```

```csharp
{
    using HttpClient client = new HttpClient();
    string url = "https://api.example.com/data";


    HttpResponseMessage response = await client.GetAsync(url);
    if (response.IsSuccessStatusCode)
    {
        string content = await
response.Content.ReadAsStringAsync();
        Console.WriteLine(content);
    }
    else
    {
        Console.WriteLine($"Error: {response.StatusCode}");
    }
}
```

Enviando Dados para uma API

Para enviar dados, use o método PostAsync, especificando o corpo da requisição como um StringContent.

csharp

```csharp
using System.Net.Http;
using System.Text;
using System.Threading.Tasks;
```

```csharp
public async Task PostDataToApi()
{
    using HttpClient client = new HttpClient();
    string url = "https://api.example.com/data";
    string json = "{\"name\":\"John Doe\",\"email\":
\"john@example.com\"}";

    HttpContent content = new StringContent(json,
Encoding.UTF8, "application/json");
    HttpResponseMessage response = await client.PostAsync(url,
content);

    if (response.IsSuccessStatusCode)
    {
        Console.WriteLine("Data sent successfully.");
    }
    else
    {
        Console.WriteLine($"Error: {response.StatusCode}");
    }
}
```

Manipulando Headers

Inclua cabeçalhos personalizados, como tokens de autenticação, utilizando a propriedade DefaultRequestHeaders.

csharp

```csharp
client.DefaultRequestHeaders.Authorization =

  new
System.Net.Http.Headers.AuthenticationHeaderValue("Bearer",
"your_token");
```

APIs SOAP

APIs SOAP (Simple Object Access Protocol) utilizam XML para troca de informações e são comuns em sistemas legados e aplicações corporativas.

Consumindo uma API SOAP

Para consumir APIs SOAP, utilize a classe HttpClient ou adicione referências de serviço no Visual Studio.

csharp

```csharp
string soapEnvelope = @"<soap:Envelope xmlns:soap=""http://
schemas.xmlsoap.org/soap/envelope/"">

  <soap:Body>

    <GetInfo xmlns=""http://example.com/"">

      <Id>123</Id>

    </GetInfo>

  </soap:Body>

</soap:Envelope>";


HttpContent content = new StringContent(soapEnvelope,
Encoding.UTF8, "text/xml");


using HttpClient client = new HttpClient();
```

```csharp
client.DefaultRequestHeaders.Add("SOAPAction", "http://
example.com/GetInfo");


HttpResponseMessage response = await
client.PostAsync("https://api.example.com/soap", content);

string responseContent = await
response.Content.ReadAsStringAsync();

Console.WriteLine(responseContent);
```

Adicionando Referências de Serviço

No Visual Studio:

1. Vá em **Adicionar Serviço** no menu do projeto.
2. Insira o URL do WSDL da API SOAP.
3. Use as classes geradas para realizar as chamadas.

csharp

```csharp
ServiceReference.Client client = new ServiceReference.Client();

var response = client.GetInfo(123);

Console.WriteLine(response);
```

Autenticação e Autorização com OAuth

OAuth é um protocolo padrão para autenticação segura, permitindo que usuários autorizem aplicações a acessar recursos sem compartilhar suas credenciais.

Fluxo de Autenticação OAuth 2.0

1. **Autorização do Usuário**: O usuário concede permissão ao cliente.
2. **Obtenção do Token de Acesso**: O cliente solicita um token de acesso ao servidor.

3. **Acesso ao Recurso**: O cliente usa o token para acessar a API protegida.

Obtendo um Token

Tokens são obtidos enviando informações ao servidor OAuth, geralmente usando HttpClient.

csharp

```csharp
using System.Net.Http;
using System.Collections.Generic;
using System.Threading.Tasks;

public async Task<string> GetOAuthToken()
{
    using HttpClient client = new HttpClient();
    string tokenUrl = "https://auth.example.com/token";

    var requestData = new Dictionary<string, string>
    {
        { "grant_type", "client_credentials" },
        { "client_id", "your_client_id" },
        { "client_secret", "your_client_secret" }
    };

    HttpResponseMessage response =
await client.PostAsync(tokenUrl, new
FormUrlEncodedContent(requestData));
    if (response.IsSuccessStatusCode)
```

```
    {
        string jsonResponse = await
response.Content.ReadAsStringAsync();

        var token =
Newtonsoft.Json.JsonConvert.DeserializeObject<dynamic>(jso
nResponse);

        return token.access_token;

    }


    throw new Exception("Failed to retrieve token.");

}
```

Usando o Token

Inclua o token como parte dos cabeçalhos de autorização.

csharp

```
client.DefaultRequestHeaders.Authorization =

    new
System.Net.Http.Headers.AuthenticationHeaderValue("Bearer",
token);
```

Renovação Automática de Tokens

Tokens de acesso têm validade limitada. Armazene o token de atualização (refresh_token) para renovar tokens expirados.

csharp

```
var requestData = new Dictionary<string, string>

{

    { "grant_type", "refresh_token" },
```

```
{ "refresh_token", "your_refresh_token" },
{ "client_id", "your_client_id" },
{ "client_secret", "your_client_secret" }
};
```

Consumo de Serviços em Tempo Real

APIs Baseadas em WebSockets

WebSockets fornecem comunicação bidirecional em tempo real, ideal para aplicativos como chats, sistemas de monitoramento e atualizações ao vivo.

Estabelecendo uma Conexão WebSocket

Use a classe ClientWebSocket para se conectar a servidores WebSocket.

csharp

```csharp
using System.Net.WebSockets;
using System.Text;
using System.Threading;


public async Task ConnectWebSocket()
{
    using ClientWebSocket socket = new ClientWebSocket();
    await socket.ConnectAsync(new Uri("wss://example.com/
socket"), CancellationToken.None);


    byte[] buffer = new byte[1024];
```

```csharp
var segment = new ArraySegment<byte>(buffer);


WebSocketReceiveResult result = await
socket.ReceiveAsync(segment, CancellationToken.None);
string message = Encoding.UTF8.GetString(buffer, 0,
result.Count);
Console.WriteLine($"Received: {message}");
}
```

Enviando Mensagens

Use o método SendAsync para enviar mensagens.

csharp

```csharp
string message = "Hello WebSocket!";
byte[] buffer = Encoding.UTF8.GetBytes(message);


await socket.SendAsync(new ArraySegment<byte>(buffer),
WebSocketMessageType.Text, true, CancellationToken.None);
```

APIs Baseadas em Server-Sent Events (SSE)

SSE fornece atualizações contínuas do servidor para o cliente.

csharp

```csharp
using System.Net.Http;


public async Task ReceiveServerSentEvents()
{
```

```
using HttpClient client = new HttpClient();
var response = await client.GetStreamAsync("https://
example.com/sse");


using var reader = new StreamReader(response);
while (!reader.EndOfStream)
{
    string eventData = await reader.ReadLineAsync();
    Console.WriteLine(eventData);
}
}
```

Práticas Essenciais ao Trabalhar com APIs Externas

- **Validação de Dados**: Sempre valide os dados recebidos de APIs externas antes de usá-los.

- **Tratamento de Erros**: Implemente estratégias para lidar com falhas de conexão e respostas inválidas.

- **Limites de Taxa (Rate Limiting)**: Respeite as políticas de uso da API para evitar bloqueios.

- **Cachê de Respostas**: Para dados que não mudam com frequência, implemente um cache para reduzir chamadas repetitivas.

- **Documentação**: Leia a documentação da API para entender limites, métodos disponíveis e parâmetros necessários.

Resolução de Erros Comuns

Erro: Falha ao consumir endpoint REST (status 401 ou 403).
Solução: Verifique se o token OAuth é válido e está sendo enviado no cabeçalho Authorization com o formato correto.

Erro: Falha ao consumir API SOAP.
Solução: Confirme que o envelope XML segue o padrão do WSDL e que o cabeçalho SOAPAction foi definido corretamente.

Erro: Timeout em chamadas HTTP.
Solução: Ajuste o HttpClient.Timeout e implemente tratamento para novas tentativas em falhas temporárias.

Boas Práticas

- Reaproveite instâncias de HttpClient para evitar esgotamento de conexões.

- Valide e sanitize todos os dados recebidos de APIs externas antes de processá-los.

- Utilize cache para reduzir chamadas redundantes e otimizar desempenho.

Resumo Estratégico

A integração com APIs externas em C# conecta aplicações a serviços REST e SOAP, ampliando suas funcionalidades. Com o uso adequado de HttpClient, autenticação OAuth e tratamento estruturado de respostas, é possível consumir dados com segurança e eficiência. A utilização de práticas simples, como reuso de conexões, validação de entradas e cache de resultados, garante comunicações estáveis, rápidas e escaláveis entre sistemas.

CAPÍTULO 22. C# PARA IOT E DISPOSITIVOS

A Internet das Coisas (IoT) conecta dispositivos físicos à internet, permitindo comunicação e controle remoto. O C#, com a plataforma .NET, oferece uma base sólida para programar soluções para IoT devido à sua versatilidade, suporte a hardware e capacidade de integração com servidores. Detalharemos neste módulo como programar dispositivos IoT com .NET, estabelecer comunicação entre dispositivos e servidores, e implementar automações práticas.

Programação para Dispositivos IoT com .NET

Fundamentos de IoT

Dispositivos IoT consistem em sensores, atuadores e processadores que coletam, transmitem e executam dados. O .NET, especialmente com o suporte do .NET IoT Libraries, simplifica a programação de dispositivos embarcados e a comunicação com periféricos.

Configurando o Ambiente

Para começar, instale o SDK do .NET e adicione bibliotecas específicas para IoT. Utilize um dispositivo como Raspberry Pi para implementar aplicações embarcadas.

1. **Configuração do Ambiente no Raspberry Pi:**
   o   Instale o .NET Runtime no dispositivo.
   o   Configure o acesso remoto via SSH para desenvolvimento direto.
2. **Instalação de Bibliotecas:** Instale pacotes NuGet

como System.Device.Gpio e Iot.Device.Bindings **para** interagir com hardware.

bash

```bash
dotnet add package System.Device.Gpio
dotnet add package Iot.Device.Bindings
```

Controlando GPIO com C#

Os pinos GPIO (General Purpose Input/Output) permitem interações diretas com sensores e atuadores.

Configurando GPIO

Use a biblioteca System.Device.Gpio **para controlar pinos GPIO.**

csharp

```csharp
using System.Device.Gpio;

public class GpioControllerExample
{
    public void ControlLed()
    {
        int ledPin = 18; // Número do pino GPIO
        GpioController controller = new GpioController();

        controller.OpenPin(ledPin, PinMode.Output);

        controller.Write(ledPin, PinValue.High); // Liga o LED
        Thread.Sleep(1000);          // Espera 1 segundo
        controller.Write(ledPin, PinValue.Low); // Desliga o LED
```

```
        controller.ClosePin(ledPin);

    }

}
```

Este exemplo aciona um LED conectado ao pino 18, ligando e desligando com um intervalo de um segundo.

Lendo Dados de Sensores

Dispositivos IoT geralmente utilizam sensores para coletar dados. Use GPIO para leitura de valores de entrada.

csharp

```
public void ReadSensor()
{
    int sensorPin = 17;
    GpioController controller = new GpioController();

    controller.OpenPin(sensorPin, PinMode.Input);

    PinValue value = controller.Read(sensorPin);
    Console.WriteLine($"Sensor Value: {value}");

    controller.ClosePin(sensorPin);
}
```

Protocolos de Comunicação com Periféricos

I2C (Inter-Integrated Circuit)

I2C é um protocolo amplamente utilizado para comunicação com sensores e outros dispositivos.

csharp

```csharp
using System.Device.I2c;


public void ReadI2cDevice()
{
    var settings = new I2cConnectionSettings(1, 0x40); // Endereço do dispositivo
    using var device = I2cDevice.Create(settings);

    Span<byte> buffer = stackalloc byte[2];
    device.Read(buffer);

    Console.WriteLine($"Data: {buffer[0]}, {buffer[1]}");
}
```

SPI (Serial Peripheral Interface)

SPI é outro protocolo comum para comunicação rápida entre dispositivos.

csharp

```csharp
using System.Device.Spi;


public void ReadSpiDevice()
```

```
{
    var settings = new SpiConnectionSettings(0, 0); // Bus 0, Chip Select 0
    using var device = SpiDevice.Create(settings);

    Span<byte> buffer = stackalloc byte[2];
    device.Read(buffer);

    Console.WriteLine($"Data: {buffer[0]}, {buffer[1]}");
}
```

Comunicação entre Dispositivos e Servidores

Dispositivos IoT frequentemente enviam dados para servidores ou os recebem para controle remoto. O .NET facilita essa comunicação com APIs REST, MQTT e WebSockets.

Envio de Dados com APIs REST

O envio de dados para um servidor pode ser realizado usando HttpClient.

csharp

```
using System.Net.Http;
using System.Text.Json;
using System.Threading.Tasks;

public async Task SendDataToServer(double temperature)
{
    using HttpClient client = new HttpClient();
```

```csharp
string url = "https://server.example.com/api/temperature";

var data = new { DeviceId = "Sensor1", Temperature =
temperature };
string json = JsonSerializer.Serialize(data);

HttpContent content = new StringContent(json,
Encoding.UTF8, "application/json");
await client.PostAsync(url, content);
}
```

Comunicação com MQTT

O MQTT (Message Queuing Telemetry Transport) é ideal para sistemas IoT devido à sua eficiência e suporte a comunicação bidirecional.

csharp

```csharp
using MQTTnet;
using MQTTnet.Client;
using MQTTnet.Client.Options;
using System.Text;
using System.Threading.Tasks;

public async Task ConnectToMqtt()
{
    var factory = new MqttFactory();
    using var client = factory.CreateMqttClient();
```

```csharp
var options = new MqttClientOptionsBuilder()
    .WithClientId("Device1")
    .WithTcpServer("mqtt.example.com", 1883)
    .Build();

client.UseConnectedHandler(e =>
Console.WriteLine("Connected to MQTT broker."));
    client.UseApplicationMessageReceivedHandler(e =>
    Console.WriteLine($"Received:
{Encoding.UTF8.GetString(e.ApplicationMessage.Payload)}"));

await client.ConnectAsync(options);

await client.PublishAsync("sensor/data",
Encoding.UTF8.GetBytes("Temperature: 22.5"));
}
```

Uso de WebSockets

WebSockets permitem comunicação em tempo real com servidores.

csharp

```csharp
using System.Net.WebSockets;
using System.Text;
using System.Threading;
```

```csharp
public async Task ConnectWebSocket()
{
    using var socket = new ClientWebSocket();
    await socket.ConnectAsync(new Uri("wss://
server.example.com"), CancellationToken.None);

    byte[] message = Encoding.UTF8.GetBytes("Hello from IoT
device");
    await socket.SendAsync(new
ArraySegment<byte>(message), WebSocketMessageType.Text,
true, CancellationToken.None);
}
```

Exemplos Práticos de Automação

Automação de Iluminação

Crie um sistema que liga ou desliga luzes com base na leitura de um sensor de luminosidade.

csharp

```csharp
public void AutomateLighting()
{
    int lightPin = 22;
    int sensorPin = 23;
    GpioController controller = new GpioController();
```

```csharp
controller.OpenPin(lightPin, PinMode.Output);
controller.OpenPin(sensorPin, PinMode.Input);

while (true)
{
    PinValue sensorValue = controller.Read(sensorPin);
    if (sensorValue == PinValue.Low)
    {
        controller.Write(lightPin, PinValue.High); // Liga a luz
    }
    else
    {
        controller.Write(lightPin, PinValue.Low); // Desliga a
luz
    }
    Thread.Sleep(500);
}
}
```

Monitoramento Remoto de Temperatura

Combine sensores de temperatura com comunicação MQTT para monitorar remotamente ambientes.

csharp

```csharp
public async Task MonitorTemperature()
```

```csharp
{
    double temperature = GetTemperatureFromSensor(); // 
Função que lê o sensor

    await ConnectToMqtt();
    await PublishTemperature(temperature);
}

private double GetTemperatureFromSensor()
{
    // Simulação de leitura do sensor
    return 25.3;
}

private async Task PublishTemperature(double temperature)
{
    var factory = new MqttFactory();
    using var client = factory.CreateMqttClient();

    var options = new MqttClientOptionsBuilder()
        .WithClientId("TemperatureSensor")
        .WithTcpServer("mqtt.example.com", 1883)
        .Build();

    await client.ConnectAsync(options);
```

```csharp
string payload = $"{{ \"temperature\": {temperature} }}";
await client.PublishAsync("home/temperature",
Encoding.UTF8.GetBytes(payload));
}
```

Controle de Dispositivos via Aplicação

Integre um dispositivo IoT com uma aplicação web ou mobile para controle remoto.

csharp

```csharp
public void ControlDevice(string command)
{
    int devicePin = 21;
    GpioController controller = new GpioController();
    controller.OpenPin(devicePin, PinMode.Output);

    if (command == "ON")
    {
        controller.Write(devicePin, PinValue.High);
    }
    else if (command == "OFF")
    {
        controller.Write(devicePin, PinValue.Low);
    }
}
```

Resolução de Erros Comuns

Erro: GPIO não responde aos comandos.
Solução: Verifique se o número do pino corresponde ao mapeamento físico do dispositivo e se as permissões de acesso ao hardware estão corretas.

Erro: Falha na conexão MQTT.
Solução: Confirme o endereço do broker, a porta utilizada e credenciais de autenticação, além de garantir que o firewall permita conexões na porta 1883.

Erro: Comunicação com sensor retorna valores incorretos.
Solução: Revise a configuração do protocolo (I2C ou SPI), o endereço do dispositivo e o cabeamento físico.

Boas Práticas

- Utilize bibliotecas oficiais do .NET IoT para garantir compatibilidade com o hardware.

- Implemente reconexão automática em protocolos como MQTT e WebSockets.

- Evite laços infinitos sem atraso — use Thread.Sleep() ou timers para reduzir o consumo de energia.

Resumo Estratégico

C# e .NET oferecem um ecossistema completo para controle e monitoramento de dispositivos IoT. O suporte a GPIO, I2C, SPI, REST, MQTT e WebSockets permite integrar sensores, atuadores e servidores de forma simples e estável. Com boas práticas de reconexão, validação e eficiência energética, desenvolvedores podem criar soluções IoT seguras, escaláveis e prontas para automação em larga escala.

CAPÍTULO 23. PROJETOS REAIS COM C#

Trabalhar em projetos reais é essencial para consolidar o aprendizado e aplicar conceitos teóricos na prática. Este capítulo apresenta três exemplos de projetos em C#, abordando o desenvolvimento de uma aplicação de gestão de tarefas, a criação de uma API segura e a implementação de um sistema de inventário. Cada modelo utiliza práticas modernas e segue padrões amplamente adotados na indústria.

Desenvolvimento de uma Aplicação de Gestão de Tarefas

Uma aplicação de gestão de tarefas permite que usuários organizem atividades, definam prioridades e acompanhem o progresso. Vamos construir uma aplicação baseada no padrão MVC com o ASP.NET Core.

Configuração Inicial

Criar o Projeto:

- o Abra o Visual Studio.
- o Selecione **Aplicativo da Web ASP.NET Core (Modelo MVC)**.
- o Configure o projeto como "TaskManager".

Adicionar Pacotes Necessários:

- o Adicione o Entity Framework Core para manipulação de banco de dados.

bash

```
dotnet add package Microsoft.EntityFrameworkCore
dotnet add package Microsoft.EntityFrameworkCore.SqlServer
```

Estrutura do Projeto

- **Model**: Representa a entidade de tarefas.

- **Controller**: Contém a lógica para manipulação de dados e navegação.

- **View**: Define a interface com o usuário.

Criando o Modelo

Crie a classe TaskItem no diretório Models.

csharp

```csharp
public class TaskItem
{
    public int Id { get; set; }
    public string Title { get; set; }
    public string Description { get; set; }
    public bool IsCompleted { get; set; }
    public DateTime CreatedAt { get; set; } = DateTime.Now;
}
```

Configurando o Banco de Dados

Adicione a classe ApplicationDbContext para gerenciar a

conexão com o banco.

csharp

```
using Microsoft.EntityFrameworkCore;

public class ApplicationDbContext : DbContext
{
    public DbSet<TaskItem> Tasks { get; set; }

    protected override void
OnConfiguring(DbContextOptionsBuilder options)
    {
        options.UseSqlServer("YourConnectionString");
    }
}
```

Realize as migrações para criar a tabela no banco.

bash

```
dotnet ef migrations add InitialCreate
dotnet ef database update
```

Criando o Controlador

Adicione um controlador para gerenciar as tarefas.

csharp

```
using Microsoft.AspNetCore.Mvc;
using System.Linq;
```

```csharp
public class TasksController : Controller
{
    private readonly ApplicationDbContext _context;

    public TasksController(ApplicationDbContext context)
    {
        _context = context;
    }

    public IActionResult Index()
    {
        var tasks = _context.Tasks.ToList();
        return View(tasks);
    }

    public IActionResult Create() => View();

    [HttpPost]
    public IActionResult Create(TaskItem task)
    {
        _context.Tasks.Add(task);
        _context.SaveChanges();
        return RedirectToAction("Index");
    }
}
```

}

Criando as Views

Implemente a interface para listar e criar tarefas. No diretório Views/Tasks, **adicione** Index.cshtml **e** Create.cshtml.

Index.cshtml:

html

```
@model IEnumerable<TaskItem>


<h2>Task List</h2>
<table>
  <thead>
    <tr>
      <th>Title</th>
      <th>Description</th>
      <th>Status</th>
      <th>Actions</th>
    </tr>
  </thead>
  <tbody>
    @foreach (var task in Model)
    {
      <tr>
        <td>@task.Title</td>
```

```
        <td>@task.Description</td>
        <td>@(task.IsCompleted ? "Completed" :
"Pending")</td>
        <td>
          <a href="/Tasks/Edit/@task.Id">Edit</a>
          <a href="/Tasks/Delete/@task.Id">Delete</a>
        </td>
      </tr>
    }
  </tbody>
</table>
```

Create.cshtml:

html

```
@model TaskItem


<h2>Create Task</h2>
<form asp-action="Create" method="post">
    <label>Title:</label>
    <input asp-for="Title" />
    <br />
    <label>Description:</label>
    <textarea asp-for="Description"></textarea>
    <br />
    <button type="submit">Save</button>
```

```
</form>
```

Criação de uma API Completa com Segurança Integrada

APIs são essenciais para aplicações modernas. Vamos desenvolver uma API RESTful para gerenciar usuários com autenticação JWT.

Configuração Inicial

Criar o Projeto:

- o No Visual Studio, crie um projeto **API ASP.NET Core** chamado "UserApi".

Adicionar Pacotes Necessários:

bash

```
dotnet add package Microsoft.EntityFrameworkCore
dotnet add package Microsoft.EntityFrameworkCore.SqlServer
dotnet add package
Microsoft.AspNetCore.Authentication.JwtBearer
```

Estrutura do Projeto

Configurando o Modelo

Adicione a classe User no diretório Models.

csharp

```
public class User
{
```

```csharp
    public int Id { get; set; }
    public string Username { get; set; }
    public string Password { get; set; }
}
```

Configurando o Contexto

Adicione ApplicationDbContext.

csharp

```csharp
using Microsoft.EntityFrameworkCore;

public class ApplicationDbContext : DbContext
{
    public DbSet<User> Users { get; set; }

    protected override void
OnConfiguring(DbContextOptionsBuilder options)
    {
        options.UseSqlServer("YourConnectionString");
    }
}
```

Adicionando Autenticação JWT

Configure o JWT no arquivo Program.cs.

csharp

```csharp
builder.Services.AddAuthentication("Bearer")
```

```csharp
.AddJwtBearer(options =>
{
    options.TokenValidationParameters = new TokenValidationParameters
    {
        ValidateIssuer = true,
        ValidateAudience = true,
        ValidateLifetime = true,
        ValidateIssuerSigningKey = true,
        ValidIssuer = "your_issuer",
        ValidAudience = "your_audience",
        IssuerSigningKey = new SymmetricSecurityKey(Encoding.UTF8.GetBytes("your_secret_key"))
    };
});
```

Criando Controladores

Adicione um controlador para autenticação.

csharp

```csharp
[ApiController]
[Route("api/[controller]")]
public class AuthController : ControllerBase
{
    private readonly ApplicationDbContext _context;
```

```
public AuthController(ApplicationDbContext context)
{
    _context = context;
}


[HttpPost("login")]
public IActionResult Login([FromBody] User user)
{
    var dbUser = _context.Users.FirstOrDefault(u =>
u.Username == user.Username);
    if (dbUser == null || dbUser.Password != user.Password)
    {
        return Unauthorized();
    }

    var token = GenerateJwtToken();
    return Ok(new { token });
}


private string GenerateJwtToken()
{
    var securityKey = new
SymmetricSecurityKey(Encoding.UTF8.GetBytes("your_secret_
key"));
    var credentials = new SigningCredentials(securityKey,
```

```
SecurityAlgorithms.HmacSha256);


    var token = new JwtSecurityToken(
        issuer: "your_issuer",
        audience: "your_audience",
        expires: DateTime.Now.AddHours(1),
        signingCredentials: credentials);


    return new
JwtSecurityTokenHandler().WriteToken(token);
    }
}
```

Projeto de Sistema de Inventário

Este projeto gerencia itens em estoque, com funcionalidades para adicionar, remover e listar produtos.

Configuração

Crie um projeto ASP.NET Core MVC e configure a estrutura de entidades e banco de dados para produtos.

Modelo:

csharp

```csharp
public class Product
{
    public int Id { get; set; }
    public string Name { get; set; }
    public int Quantity { get; set; }
```

```csharp
    public decimal Price { get; set; }
}
```

Controlador:

csharp

```csharp
public class InventoryController : Controller
{
    private readonly ApplicationDbContext _context;

    public InventoryController(ApplicationDbContext context)
    {
        _context = context;
    }

    public IActionResult Index()
    {
        var products = _context.Products.ToList();
        return View(products);
    }

    [HttpPost]
    public IActionResult Add(Product product)
    {
        _context.Products.Add(product);
        _context.SaveChanges();
```

```
        return RedirectToAction("Index");
    }
}
```

View:

html

```
@model IEnumerable<Product>


<h2>Inventory</h2>
<table>
    <thead>
        <tr>
            <th>Name</th>
            <th>Quantity</th>
            <th>Price</th>
        </tr>
    </thead>
    <tbody>
        @foreach (var product in Model)
        {
            <tr>
                <td>@product.Name</td>
                <td>@product.Quantity</td>
                <td>@product.Price</td>
            </tr>
```

```
        }
    </tbody>
</table>
```

Resolução de Erros Comuns

Erro: Falha ao conectar ao banco de dados nos projetos.
Solução: Verifique a connection string, o servidor SQL ativo e se as migrações foram aplicadas corretamente com dotnet ef database update.

Erro: Token JWT inválido ou expirado.
Solução: Ajuste o tempo de expiração e confirme que issuer, audience e secret key coincidem entre o gerador e o validador do token.

Erro: Dados não aparecem nas views.
Solução: Confirme que o modelo está sendo retornado corretamente do controlador e que o @model no topo da view corresponde ao tipo enviado.

Boas Práticas

- Separe a lógica de negócio da camada de interface para manter o código limpo e testável.

- Utilize autenticação JWT apenas via HTTPS e armazene tokens de forma segura.

- Aplique validações de entrada em todos os formulários antes de persistir os dados.

Resumo Estratégico

Projetos reais em C# consolidam conceitos fundamentais de desenvolvimento profissional. A gestão de tarefas demonstra o uso de MVC com persistência via Entity Framework, a API JWT exemplifica autenticação segura e controle de acesso, e o sistema de inventário reforça manipulação eficiente de dados. Esses modelos práticos formam uma base sólida para criar novas soluções estruturadas, seguras e escaláveis, aplicando os recursos do ecossistema .NET em cenários de produção.

CAPÍTULO 24. TENDÊNCIAS FUTURAS DO C#

A linguagem C# tem se consolidado como uma das mais robustas e versáteis no desenvolvimento de software. Com sua evolução contínua, impulsionada pela plataforma .NET, C# continua a liderar inovações tecnológicas e a atender às demandas de mercado em áreas como inteligência artificial (IA), Internet das Coisas (IoT) e computação em nuvem. Este capítulo aborda as perspectivas futuras do C#, as novidades do .NET e o impacto da linguagem em áreas emergentes.

Discussão Sobre o Futuro da Linguagem

Direção Estratégica do C#

O C# continua a evoluir com foco em produtividade, desempenho e simplicidade. Cada nova versão introduz recursos que eliminam complexidades, aprimoram a legibilidade do código e otimizam a execução. A linguagem mantém um equilíbrio entre inovação e preservação da estabilidade, garantindo que seja acessível tanto para iniciantes quanto para desenvolvedores experientes.

Áreas-chave de evolução:

- **Programação Funcional**: Adoção crescente de características funcionais, como records e expressões mais concisas.

- **Programação Concorrente e Paralela**: Avanços em async/ await e introdução de novas APIs para lidar com tarefas concorrentes de forma mais intuitiva.

- **Integração com IA**: Recursos para facilitar a criação e integração de modelos de aprendizado de máquina (ML) diretamente no ecossistema .NET.

Expansão para Multiplataformas

A introdução do .NET 6 e .NET 7 consolidou a visão de uma plataforma verdadeiramente multiplataforma. O futuro do C# está ligado a esse objetivo, permitindo que a linguagem seja usada para desenvolvimento em:

- **Web**: Usando ASP.NET Core.

- **Desktop**: Aplicações em Windows, Linux e macOS com suporte nativo.

- **Mobile**: Desenvolvimento integrado com o MAUI (Multiplatform App UI).

- **Jogos**: Unity continua a ser um dos motores mais populares para desenvolvimento de jogos com C#.

A integração entre plataformas reduz custos de desenvolvimento e amplia o alcance dos aplicativos criados em C#.

Novidades do .NET e Tendências de Mercado

Novas Funcionalidades do .NET

O ecossistema .NET tem se expandido para oferecer suporte a novas demandas do mercado, com recursos projetados para alto desempenho e escalabilidade.

1. **Melhorias de Desempenho**:
   - APIs otimizadas para manipulação de dados.
   - Adoção de linguagens intermediárias (como Span<T>) para reduzir o uso de memória.
2. **Simplificação do Desenvolvimento**:
   - Minimização de arquivos de configuração.
   - Suporte a top-level programs, que elimina a necessidade de definições de classes para scripts simples.
3. **Integração com Machine Learning**:
   - A biblioteca ML.NET facilita a construção de modelos de IA diretamente no .NET, permitindo que desenvolvedores usem algoritmos de aprendizado de máquina com pouca configuração inicial.
4. **Adoção de Containers**:
   - Ferramentas aprimoradas para executar e gerenciar aplicativos .NET em ambientes de contêiner, como Docker e Kubernetes.

Tendências de Mercado

Com a demanda crescente por soluções digitais, o mercado global busca linguagens que equilibrem eficiência, segurança e produtividade. O C# continua a ser uma escolha popular por atender às necessidades em diversas áreas.

Áreas de destaque:

- **Desenvolvimento em Nuvem**: Integração nativa com serviços como Azure e AWS.

- **Automação Industrial**: Amplo uso em sistemas que conectam máquinas e dispositivos IoT.

- **Aplicações em Tempo Real**: Com ASP.NET SignalR, o C# é amplamente usado para chatbots, jogos online e sistemas de monitoramento.

Impacto em Áreas Emergentes

Inteligência Artificial (IA)

O aprendizado de máquina e a inteligência artificial têm transformado a maneira como soluções tecnológicas são desenvolvidas. O C#, com sua biblioteca ML.NET, permite que desenvolvedores criem modelos de aprendizado de máquina sem necessidade de linguagens externas como Python.

Criando um Modelo Simples de IA com ML.NET

Abaixo, um exemplo de como treinar um modelo de regressão para prever preços de casas.

Instalar o Pacote ML.NET:

bash

```bash
dotnet add package Microsoft.ML
```

Configurar o Modelo:

csharp

```csharp
using Microsoft.ML;
using Microsoft.ML.Data;

public class HouseData
{
    public float Size { get; set; }
    public float Price { get; set; }
```

```
}

public class Prediction
{
    [ColumnName("Score")]
    public float PredictedPrice { get; set; }
}


var context = new MLContext();


var data = new List<HouseData>
{
    new HouseData { Size = 1.1F, Price = 1.2F },
    new HouseData { Size = 1.9F, Price = 2.3F },
    new HouseData { Size = 2.8F, Price = 3.0F }
};


var trainingData = context.Data.LoadFromEnumerable(data);


var pipeline = context.Transforms.Concatenate("Features",
new[] { "Size" })
    .Append(context.Regression.Trainers.Sdca());


var model = pipeline.Fit(trainingData);
```

```csharp
var prediction = model.CreatePredictionEngine<HouseData,
Prediction>(context)
    .Predict(new HouseData { Size = 2.5F });
```

```csharp
Console.WriteLine($"Predicted price:
{prediction.PredictedPrice}");
```

Esse exemplo demonstra como o C# está preparado para atender a demandas modernas de aprendizado de máquina.

Internet das Coisas (IoT)

O crescimento exponencial de dispositivos conectados cria oportunidades para linguagens como o C#, que oferece integração simplificada com hardware e protocolos de comunicação.

Monitoramento com Sensores de Temperatura

O C# e o .NET IoT Libraries permitem a leitura de dados de sensores, como monitoramento de temperatura.

csharp

```csharp
using System.Device.Gpio;


public void MonitorTemperature()
{
    int sensorPin = 18;
    GpioController controller = new GpioController();


    controller.OpenPin(sensorPin, PinMode.Input);
```

```
while (true)
{
    var value = controller.Read(sensorPin);
    Console.WriteLine($"Temperature: {value}");
    Thread.Sleep(1000);
}
}
```

A facilidade de integração com sensores e dispositivos faz do C# uma ferramenta poderosa para sistemas IoT.

Realidade Aumentada e Virtual

O desenvolvimento de aplicações em realidade aumentada (AR) e virtual (VR) está em ascensão. O Unity, principal motor gráfico usado para criar essas experiências, utiliza C# como linguagem primária para programação de comportamento e interação.

Implementando Interações Simples

Abaixo, um script que permite que um objeto responda ao clique do usuário:

csharp

```
using UnityEngine;


public class ObjectClick : MonoBehaviour
{
    void OnMouseDown()
    {
```

```
    Debug.Log("Object clicked!");

    GetComponent<Renderer>().material.color = Color.red;

    }

}
```

Com o Unity e o C#, é possível criar mundos interativos para jogos, simulações e treinamentos.

A Evolução Contínua do C#

A Microsoft continua a investir na expansão do C# e do .NET para atender a novas demandas, com melhorias constantes em segurança, desempenho e produtividade.

1. **Adaptação a Computação Quântica**: O projeto Q# da Microsoft já se integra ao .NET, indicando a abertura para linguagens baseadas no ecossistema C# em contextos quânticos.

2. **Suporte a Inteligência Artificial Generativa**: A linguagem caminha para maior integração com IA generativa, permitindo automação de fluxos de trabalho e soluções mais inteligentes.

Resolução de Erros Comuns

Erro: Falha ao executar código de ML.NET.
Solução: Confirme a instalação do pacote Microsoft.ML, valide o formato dos dados de entrada e garanta que o modelo esteja sendo treinado antes da previsão.

Erro: GPIO não responde em projetos IoT.
Solução: Verifique permissões de acesso ao hardware, o

número correto do pino e se o controlador foi inicializado adequadamente.

Erro: Exceção em scripts Unity.
Solução: Confirme que o script está anexado a um GameObject ativo e que o método está no ciclo de vida correto (Start, Update ou OnMouseDown).

Boas Práticas

- Mantenha o código compatível com versões atuais do .NET para garantir suporte e desempenho.

- Acompanhe as atualizações do C# e adapte gradualmente novos recursos como records, pattern matching e async streams.

- Explore bibliotecas oficiais para IA, IoT e Unity, evitando dependências externas não mantidas.

Resumo Estratégico

O C# avança continuamente como linguagem de referência em inovação e confiabilidade. Seu ecossistema integra aprendizado de máquina, dispositivos IoT e experiências imersivas com Unity, mantendo foco em desempenho e produtividade. A convergência entre .NET, IA e multiplataformas assegura que o C# continue no centro da transformação tecnológica, preparado para as próximas gerações de desenvolvimento inteligente e conectado.

CAPÍTULO 25. DICAS DE CARREIRA E CERTIFICAÇÕES

Desenvolver uma carreira sólida em tecnologia requer mais do que habilidades técnicas: é necessário planejamento, preparação para entrevistas e certificações que validem o conhecimento. Este módulo aborda estratégias para se destacar em entrevistas técnicas, as principais certificações relacionadas ao C# e .NET, e como planejar uma carreira promissora com foco nessa linguagem.

Preparação para Entrevistas Técnicas

Entendendo o Processo de Seleção

Empresas de tecnologia costumam dividir o processo de seleção em etapas:

1. **Triagem Inicial**: Geralmente baseada no currículo e portfólio.
2. **Testes Técnicos Online**: Avaliação de conhecimentos de programação.
3. **Entrevistas Técnicas**: Incluem resolução de problemas em tempo real.
4. **Entrevistas Comportamentais**: Avaliação de alinhamento cultural e habilidades interpessoais.

Preparação Técnica

Revisão de Fundamentos

Domine os fundamentos de C# e algoritmos. Foque em:

- Estruturas de dados: arrays, listas, dicionários, árvores e grafos.

- Algoritmos: ordenação, busca e problemas de otimização.

- Padrões de design: Singleton, Factory, Observer.

Exemplo de um algoritmo de ordenação em C#:

csharp

```csharp
public void BubbleSort(int[] array)
{
    for (int i = 0; i < array.Length - 1; i++)
    {
        for (int j = 0; j < array.Length - i - 1; j++)
        {
            if (array[j] > array[j + 1])
            {
                int temp = array[j];
                array[j] = array[j + 1];
                array[j + 1] = temp;
            }
        }
    }
}
```

Prática de Problemas

Resolva problemas em plataformas como HackerRank ou LeetCode, priorizando questões focadas em:

- Manipulação de strings.

- Operações em coleções.

- Gestão eficiente de memória.

Desafio prático: inverter uma string sem usar métodos embutidos.

csharp

```csharp
public string ReverseString(string input)
{
    char[] reversed = new char[input.Length];
    for (int i = 0, j = input.Length - 1; i < input.Length; i++, j--)
    {
        reversed[i] = input[j];
    }
    return new string(reversed);
}
```

Simulações de Entrevista

Realize simulações com colegas ou mentores. Durante as simulações:

- Explique seu raciocínio enquanto escreve o código.

- Foque em resolver problemas de forma clara e eficiente.

Preparação para Entrevistas de Design

Empresas de grande porte podem incluir entrevistas sobre design de sistemas. Pratique a criação de diagramas e arquitetura de software.

Exemplo: projetar um sistema de gestão de tarefas.

1. Divida o sistema em serviços: autenticação, API de tarefas, banco de dados.
2. Utilize diagramas para representar fluxos de dados e comunicação.

Dicas Comportamentais

Além do conhecimento técnico, empresas avaliam a capacidade de comunicação e resolução de problemas sob pressão. Use a metodologia STAR (Situação, Tarefa, Ação, Resultado) para estruturar respostas a perguntas comportamentais.

Principais Certificações de C# e .NET

As certificações ajudam a validar habilidades técnicas e aumentam a credibilidade profissional. Elas são especialmente úteis para iniciantes ou profissionais que desejam mudar de carreira.

Microsoft Certified: Azure Developer Associate

Essa certificação é relevante para desenvolvedores que utilizam C# para criar aplicações na nuvem com Azure.

Tópicos Abordados:

- Desenvolvimento de APIs e funções no Azure.

- Integração com serviços como Azure Storage e Cosmos DB.

- Implementação de segurança e autenticação.

Preparação:

- Estude conceitos de computação em nuvem e serviços do Azure.
- Pratique o desenvolvimento de APIs utilizando ASP.NET Core.

Exemplo de integração com Azure Blob Storage em C#:

csharp

```csharp
using Azure.Storage.Blobs;

public async Task UploadToBlobAsync(string connectionString, string containerName, string filePath)
{
    BlobServiceClient blobServiceClient = new BlobServiceClient(connectionString);
    BlobContainerClient containerClient = blobServiceClient.GetBlobContainerClient(containerName);

    string fileName = Path.GetFileName(filePath);
    BlobClient blobClient = containerClient.GetBlobClient(fileName);

    await blobClient.UploadAsync(filePath, true);
    Console.WriteLine($"File {fileName} uploaded successfully.");
}
```

Microsoft Certified: .NET Developer Specialist

Essa certificação é ideal para validar habilidades específicas no desenvolvimento de aplicativos com C# e .NET.

Tópicos Abordados:

- Desenvolvimento web com ASP.NET Core.

- Consumo de APIs e manipulação de dados.

- Testes e depuração de código.

Preparação:

- Crie projetos práticos para explorar recursos do ASP.NET Core, como autenticação e middleware.

- Pratique testes unitários com NUnit.

Exemplo de middleware personalizado em ASP.NET Core:

csharp

```csharp
public class LoggingMiddleware
{
    private readonly RequestDelegate _next;

    public LoggingMiddleware(RequestDelegate next)
    {
        _next = next;
    }
```

```
public async Task InvokeAsync(HttpContext context)
{
    Console.WriteLine($"Request: {context.Request.Method} {context.Request.Path}");
    await _next(context);
}
}


// Adicionar no pipeline
app.UseMiddleware<LoggingMiddleware>();
```

Certificações Complementares

Além das certificações da Microsoft, as seguintes podem agregar valor ao currículo:

- **Certified Kubernetes Application Developer (CKAD)**: Para desenvolvedores que utilizam contêineres.

- **AWS Certified Developer – Associate**: Para integração com serviços AWS.

- **Certified Information Systems Security Professional (CISSP)**: Para quem trabalha com segurança em aplicações.

Planejamento de Carreira com Foco em C#

Escolhendo uma Direção

C# é uma linguagem versátil, e o planejamento de carreira

pode ser moldado com base em interesses e objetivos pessoais. Algumas áreas de destaque incluem:

- **Desenvolvimento Web**: Foco em ASP.NET Core e APIs RESTful.

- **Desenvolvimento de Jogos**: Uso do Unity para criação de jogos 2D, 3D e realidade virtual.

- **Sistemas Corporativos**: Integração de aplicações robustas com bancos de dados e serviços corporativos.

- **Nuvem**: Desenvolvimento de soluções escaláveis em Azure e AWS.

- **IoT e Automação**: Programação de dispositivos e sensores conectados.

Construção de Portfólio

Desenvolva projetos que demonstrem habilidades práticas e inclua-os no portfólio. Exemplos:

- Um gerenciador de tarefas simples.

- Uma API segura integrada com autenticação JWT.

- Um jogo básico desenvolvido em Unity.

Exemplo de API básica em ASP.NET Core:

```csharp
[ApiController]
[Route("api/[controller]")]
public class ProductsController : ControllerBase
{
```

```csharp
    private static List<Product> products = new List<Product>
    {
        new Product { Id = 1, Name = "Laptop", Price = 1000 },
        new Product { Id = 2, Name = "Phone", Price = 500 }
    };


    [HttpGet]
    public IEnumerable<Product> GetProducts() => products;


    [HttpPost]
    public IActionResult AddProduct([FromBody] Product
product)
    {
        products.Add(product);
        return Ok(product);
    }
}


public class Product
{
    public int Id { get; set; }
    public string Name { get; set; }
    public decimal Price { get; set; }
}
```

Networking e Presença Online

- **Participação em Eventos**: Participe de hackathons, conferências e meetups relacionados a C# e .NET.
- **Contribuição em Código Aberto**: Contribua para projetos no GitHub.

- **LinkedIn e Portfólios Online**: Mantenha um perfil atualizado e compartilhe projetos relevantes.

Estabelecendo Metas de Longo Prazo

Defina objetivos claros:

- **A curto prazo**: Concluir uma certificação ou criar um portfólio robusto.

- **A médio prazo**: Tornar-se especialista em uma área específica, como IoT ou desenvolvimento web.

- **A longo prazo**: Assumir papéis de liderança, como arquiteto de software ou gerente de engenharia.

Resolução de Erros Comuns

Erro: Falta de projetos práticos no portfólio.
Solução: Crie aplicações reais com foco em problemas do mercado — APIs, dashboards ou integrações — e publique no GitHub com documentação.

Erro: Dificuldade em entrevistas técnicas.
Solução: Treine resolução de algoritmos em plataformas como HackerRank e LeetCode, explicando o raciocínio em voz alta.

Erro: Certificação reprovada por falta de foco no conteúdo.

Solução: Estude pelos guias oficiais da Microsoft e pratique laboratórios com Azure e .NET antes de realizar o exame.

Boas Práticas

- Planeje sua trilha de aprendizado e defina metas de curto e longo prazo.

- Priorize certificações diretamente ligadas à sua área de atuação desejada.

- Mantenha presença ativa no LinkedIn e GitHub para demonstrar evolução técnica.

Resumo Estratégico

O sucesso na carreira com C# exige mais do que domínio técnico — requer estratégia, certificações e visibilidade profissional. Com preparo para entrevistas, certificações como Azure Developer e .NET Specialist, e um portfólio sólido, o desenvolvedor se posiciona de forma competitiva em um mercado global. A combinação entre aprendizado contínuo, networking e prática constante é o caminho mais eficaz para alcançar excelência e estabilidade profissional na área de tecnologia.

CONCLUSÃO FINAL

Ao longo deste livro, exploramos as diversas facetas do C#, abordando desde seus fundamentos e aplicações avançadas em áreas como inteligência artificial, IoT e desenvolvimento de jogos. Este capítulo revisita as lições mais importantes de cada seção, refletindo sobre o impacto do C# no mundo moderno e destacando a importância de investir no aprendizado contínuo.

Resumo das Principais Lições

1. **Capítulo 1. Introdução ao C#: História e Aplicações**
   Introduzimos a evolução do C# desde sua criação até se tornar uma das linguagens mais utilizadas globalmente. Exploramos suas aplicações práticas, destacando como ela é fundamental em setores como desenvolvimento web, jogos, e sistemas corporativos.
2. **Capítulo 2. Configurando seu Ambiente de Desenvolvimento**
   Demonstramos a configuração do ambiente de desenvolvimento com o Visual Studio e alternativas, além da execução de programas simples. O "Hello, World!" foi usado como base para introduzir a interação com ferramentas de depuração.
3. **Capítulo 3. Estrutura de um Programa C#**
   Analisamos a estrutura de programas C#, abordando elementos como namespaces, classes e métodos. Também discutimos convenções de codificação e padrões de nomenclatura para melhorar a legibilidade

e a manutenção do código.

4. **Capítulo 4. Tipos de Dados e Operadores**
Estudamos os tipos de dados primitivos e compostos e exploramos operadores aritméticos, relacionais e lógicos. Essas ferramentas são essenciais para criar soluções eficientes em qualquer aplicação.

5. **Capítulo 5. Controle de Fluxo em C#**
As estruturas condicionais (if, else, switch) e laços de repetição (for, while, foreach) foram detalhadas, mostrando como controlar o fluxo de execução do programa.

6. **Capítulo 6. Funções e Métodos**
Este capítulo cobriu a criação e uso de funções, explorando escopo de variáveis, passagem de parâmetros, métodos estáticos e de instância.

7. **Capítulo 7. Classes, Objetos e POO**
Abordamos a programação orientada a objetos, destacando conceitos como encapsulamento, herança e polimorfismo. Propriedades e interfaces foram introduzidas como ferramentas-chave para construir sistemas modulares e reutilizáveis.

8. **Capítulo 8. Manipulação de Strings**
Aprendemos a trabalhar com strings, realizando operações como formatação, busca e substituição. As expressões regulares foram apresentadas como uma forma poderosa de manipular dados textuais.

9. **Capítulo 9. Coleções e Estruturas de Dados**
Exploramos coleções como arrays, listas e dicionários, além de discutir operações comuns e boas práticas para manipular grandes volumes de dados.

10. **Capítulo 10. Tratamento de Exceções**
Discutimos a importância de lidar com erros de maneira segura e eficiente, utilizando try, catch e finally. Exceções personalizadas foram criadas para melhorar a clareza de mensagens de erro.

11. **Capítulo 11. Trabalhando com Arquivos**

Abordamos leitura e escrita de arquivos, manipulação de streams e serialização de dados. Essas habilidades são fundamentais para aplicações que lidam com armazenamento local ou troca de dados entre sistemas.

12. **Capítulo 12. Programação Assíncrona com C#**
Aprendemos sobre async/await, gerenciamento de tarefas e multithreading. A programação assíncrona foi apresentada como uma ferramenta indispensável para sistemas escaláveis e de alto desempenho.

13. **Capítulo 13. LINQ: Linguagem Integrada de Consulta**
Estudamos LINQ como uma solução poderosa para manipular coleções e acessar bancos de dados de maneira declarativa, simplificando tarefas complexas.

14. **Capítulo 14. Desenvolvimento com Windows Forms**
Introduzimos a criação de interfaces gráficas básicas, manipulação de eventos e conexão de elementos visuais com lógica de negócios.

15. **Capítulo 15. Desenvolvimento Web com ASP.NET**
Este capítulo explorou o ASP.NET Core para criar aplicações web e APIs RESTful. Discutimos os fundamentos do MVC e a implementação de serviços escaláveis.

16. **Capítulo 16. Integração com Bancos de Dados**
Aprendemos a conectar aplicativos a bancos de dados como SQL Server, realizando operações CRUD e utilizando frameworks como o Entity Framework para facilitar o acesso a dados.

17. **Capítulo 17. Aplicações em Jogos com Unity**
Descobrimos como desenvolver jogos com Unity, utilizando C# para implementar interações, animações e lógica de jogo.

18. **Capítulo 18. Segurança e Boas Práticas**
Discutimos a importância da validação de entrada

de dados, prevenção de vulnerabilidades e práticas recomendadas para criar aplicativos seguros.

19. **Capítulo 19. Testes e Depuração de Código**
Este capítulo abordou técnicas de depuração no Visual Studio e a criação de testes unitários com NUnit, além do uso de ferramentas de automação de testes.

20. **Capítulo 20. Otimização e Desempenho**
Apresentamos estratégias para melhorar a eficiência do código, reduzir o uso de memória e medir o desempenho com ferramentas como BenchmarkDotNet.

21. **Capítulo 21. Trabalhando com APIs Externas**
Estudamos como consumir APIs REST e SOAP, autenticar com OAuth e trabalhar com serviços em tempo real usando WebSockets.

22. **Capítulo 22. C# para IoT e Dispositivos**
Exploramos a programação de dispositivos IoT, comunicação com sensores e atuadores, e automação prática utilizando C#.

23. **Capítulo 23. Projetos Reais com C#**
Apresentamos projetos práticos, como um sistema de gestão de tarefas e uma API segura, para aplicar os conceitos aprendidos.

24. **Capítulo 24. Tendências Futuras do C#**
Discutimos as inovações no .NET e o impacto do C# em áreas emergentes como IA, IoT e computação em nuvem.

25. **Capítulo 25. Dicas de Carreira e Certificações**
Encerramos com orientações para planejamento de carreira, certificações relevantes e preparação para entrevistas técnicas, destacando como o aprendizado contínuo é essencial para o sucesso.

Reflexão Sobre a Importância do C#

O C# é mais do que apenas uma linguagem de programação:

é um passaporte para o futuro da tecnologia. Sua versatilidade permite o desenvolvimento de sistemas robustos, escaláveis e inovadores, seja para criar soluções corporativas, jogos interativos ou dispositivos conectados. Investir no aprendizado de C# significa estar preparado para liderar a transformação digital e construir um impacto duradouro em um mercado competitivo.

Agradecemos sinceramente por dedicar seu tempo e esforço ao aprendizado deste material. Sua escolha de investir no C# reflete um compromisso com a excelência e um desejo genuíno de progredir em sua carreira. Estamos honrados em fazer parte de sua jornada e esperamos que este livro sirva como um guia confiável em sua evolução profissional.

Cordialmente,
Diego Rodrigues e Equipe!